Objectif COLLÈGE 5e

Entraînement

Rédaction

Morgan SENAN

HACHETTE Éducation

Sommaire

Couverture : **VAMBACAS**
Photos de couverture : **© Banana Stock, Ltd. All rights reserved**
Maquette intérieure : **Médiamax**
Mise en pages : **Suka 22**
Illustrations intérieures : **Églantine BONETTO**

ISBN 2-01-169210-5

43, quai de Grenelle, 75905 Paris Cedex 15.

www.hachette-education.com

Avant-propos

Cet ouvrage consacré à la rédaction et à l'expression écrite, comporte quatre chapitres :
1. Le récit
2. La description
3. Le portrait
4. Les sentiments et les états d'âme

a. Chacun de ces chapitres s'ouvre sur **une double page** qui fournit des définitions générales, des informations précises, des conseils.
Exemple, pour le chapitre 1 :
– Qu'est-ce qu'un récit ?
– Quelles sont les différentes parties du récit ?

b. Suivent **cinq leçons** toutes organisées de la manière suivante :
– un texte d'étude à lire : *Lis bien le texte*, suivi d'une règle, d'une remarque : *Retiens bien.*
– deux pages d'exercices permettant de comprendre parfaitement le texte : *Observe le texte*, *Comprends le texte*, *Analyse le texte*, et de composer des textes : *À toi d'écrire.*
– une page consacrée à la rédaction, qui s'organise de la manière suivante :
- un rappel de la leçon : *Rappel*
- un sujet à composer : *Compose une rédaction*
- des conseils pour le devoir : *Conseils pour t'aider*
- un répertoire de mots et d'expressions à recopier et à retenir.

c. À la fin de chaque chapitre une double page : **Évaluation**, te permet de contrôler, en t'amusant, que tu as bien mis à profit les leçons du chapitre.

d. Un **lexique** (pages 125 à 127) te fournit la définition des mots suivis d'un astérisque : *, dont tu as besoin pour réussir les exercices qui te sont proposés.

e. Les **corrigés** (pages 101 à 124) te permettent de contrôler l'exactitude de tes réponses.

Chaque fois qu'il te faudra un support – des feuilles de classeur ou un cahier – pour répondre aux questions ou rédiger les exercices d'expression écrite, tu trouveras ce petit logo :

Contrairement à la légende, tout élève appliqué peut obtenir de bons résultats en rédaction. Alors courage ! Découvre vite le bonheur d'écrire.

Le récit

Qu'est-ce qu'un récit ?

Un récit, c'est une histoire. Écrire un récit, c'est raconter des faits, des événements vrais ou imaginaires. Dans un récit, il y a généralement beaucoup de verbes d'action.

Un récit complet, cohérent et vivant, respectera quelques règles :

1 L'ordre

Le récit rapportera les différents faits, les différents épisodes dans un ordre qui est souvent chronologique, celui dans lequel les faits se sont déroulés.

Exemple

À cinq heures du matin, le réveil se mit à sonner.
Clarisse ne mit qu'une demi-seconde à réaliser que le grand jour était enfin arrivé.
Une heure plus tard, ils étaient fin prêts.
Ils voyagèrent toute la journée.
Au crépuscule, ils atteignirent la côte. Ils prirent un bain, puis s'embarquèrent immédiatement pour l'île.

2 Les lieux

Le récit indiquera avec précision les lieux dans lesquels se déroule l'action. Un récit est très différent selon qu'il se déroule dans une bastide provençale, un loft new-yorkais, le grenier d'une ferme dans le Morvan.

Ces lieux devront être familiers au lecteur. Le récit est différent selon l'atmosphère, l'ambiance qui règne dans les lieux. La bastide pourra être animée, joyeuse, bruyante, pleine d'enfants qui courent dans tous les sens. Elle pourra être délabrée, inquiétante, isolée, hantée.

3 L'époque

Le récit peut se dérouler au Moyen Âge, le 4 août 1789, avant-hier ou en l'an 4356. Il importe d'en avertir le lecteur.

4 Les personnages

Le lecteur doit pouvoir identifier rapidement tous les personnages qui jouent un rôle dans le récit. De manière peu élégante, mais efficace, disons que le lecteur doit pouvoir répondre à la question « qui fait quoi ? » sans aucun problème.

Au moins en ce qui concerne le personnage central du récit, le ou les héros, le lecteur doit posséder un minimum d'éléments.

- Qui est-il ? (un bébé, un éléphant, un vieillard, un Inuit de vingt ans, etc.).
- Comment se nomme-t-il ? S'il est nommé de manières différentes à l'intérieur du récit, le lecteur doit pouvoir l'identifier à chaque fois sans ambiguïté. Du premier coup d'œil, il saura repérer que Monsieur Pomponet, c'est le coiffeur, l'homme aux ciseaux d'or, le spécialiste des bigoudis, etc.
- Que fait-il ? Ses actes seront indiqués grâce à des verbes d'action : il taille, coupe, tranche, arrache le cheveu, l'ondule, amuse la clientèle, etc.
- Quels sont ses grands traits de caractère ? Si le feu se déclare Aux cheveux d'ange, le salon de Monsieur Pomponet, le récit gagnera en clarté si l'on connaît les qualités et les défauts du maître des lieux. Le récit ne sera pas le même si Monsieur Pomponet est vif, efficace, ferme, homme de sang-froid et d'autorité ou s'il est affolé, lent, mou, geignard et qu'il n'a que de mauvais réflexes.

Quelles sont les différentes parties du récit ?

Cinq étapes composent généralement un récit modèle.

1 **La situation initiale.** Elle présente l'époque, le lieu, le décor, l'ambiance, les personnages principaux et secondaires qui vont intervenir.

2 **L'événement déclencheur.** Il survient brusquement et bouleverse la situation initiale.

3 **Les péripéties.** C'est le cœur du récit : les événements s'enchaînent.

4 **L'événement équilibrant.** C'est le dénouement. Il marque la fin des péripéties.

5 **La situation finale.** C'est le retour à la normale, la fin de l'histoire.

1 Récit légendaire

Lis bien le texte

La « bag-noz » (La barque fantôme)

Toutes les fois qu'il doit se produire quelque sinistre dans les parages de l'île de Sein, l'on voit apparaître un bateau fantôme, tantôt incliné sur les eaux sombres, la pointe de son « gui » trempant dans la vague, tantôt dessiné en silhouette indécise sur le fond orageux du ciel.

On le désigne sous le nom de « bag-noz » (barque de nuit) parce que c'est surtout à la tombée de la nuit qu'on le voit soudain surgir, sans qu'on puisse dire de quelle direction il vient, ni quelle route il fait. Car il s'évanouit tout à coup, au moment où on le regarde, pour se montrer, l'instant d'après, sur un autre point de l'horizon. Il vogue, toute voile dehors, avec un pavillon noir en berne.

Les barques de l'île l'ont souvent croisé, quand elles rentraient du large, aux premiers signes avant-coureurs du mauvais temps. Quelques-unes même ont essayé de l'accoster, pensant que c'était quelque bateau en détresse, d'autant que son équipage – qui doit être nombreux – ne cesse de crier et d'appeler, comme pour demander du secours, avec des voix suppliantes, des voix tristes à fendre l'âme. Mais, sitôt qu'on faisait mine d'approcher, la vision s'effaçait, et les voix elles-mêmes devenaient si lointaines qu'on ne savait plus si c'était dans les profondeurs de la mer ou dans les profondeurs du ciel qu'on les entendait hurler.

On raconte cependant qu'une nuit, un pilote de l'île parvint à serrer le bateau fantôme d'assez près pour constater qu'il n'y avait personne à bord, sauf, sur l'arrière, l'homme de barre. Le pilote héla cet homme :

– Puis-je quelque chose pour vous et désirez-vous que je vous remorque ?

Au lieu de répondre, l'homme fit jouer le gouvernail et le bateau disparut.

Si le pilote avait eu la présence d'esprit de dire : « Resquiescant in pace[1] », il aurait sauvé toute cette batelée de marins défunts.

Anatole Le Braz, *Chanson de la Bretagne*, 1922.

1. « Qu'ils reposent en paix ! »

Retiens bien

- Le « héros » d'un texte n'est pas toujours un être animé.
- Ce peut être un élément de la nature ou un être inanimé.
- Dans ce texte, le rôle principal est tenu par une barque.

Observe le texte

1 Qui joue le rôle principal dans le texte ? Qui « tient la vedette » en quelque sorte ?

....

2 Dans quels lieux l'action se déroule-t-elle ? ....

3 Note deux expressions du texte qui ne sont pas en français.

....

4 À ton avis, en quelles langues ces deux expressions sont-elles écrites ?

....

5 La première expression n'est pas toujours traduite de la même manière. Comment peux-tu expliquer cette double traduction ?

....

....

Comprends le texte

6 En t'aidant du contexte*, donne la définition des mots suivants.

les parages – voguer – héler – une batelée

7 Soit le mot « **sinistre** » (ligne 1).

a. Quel est son sens dans le texte ?

b. À quelle catégorie grammaticale appartient-il dans le texte ?

c. À quelle autre catégorie grammaticale peut-il appartenir ? Quel est alors son sens ?

8 Soit le mot « **large** » (ligne 10).

a. Quel est son sens dans le texte ?

b. À quelle catégorie grammaticale appartient-il ?

c. À quelle autre catégorie grammaticale peut-il appartenir ?

9 Soit le mot « **fantôme** ». À la manière du dictionnaire, donne la définition des mots et expressions suivants.

un fantôme – une ville fantôme – un bateau fantôme

10 Dresse le champ sémantique* du mot « **pavillon** ».

11 Quel est le radical* du verbe « **accoster** » ? Donne un maximum de mots appartenant à la même famille*.

Analyse le texte

12 **Cet extrait comporte six paragraphes que tu peux facilement identifier grâce aux alinéas*. Repère-les et, pour chacun, propose un titre qui le résume.**

13 **Relis soigneusement le texte. Puis cache-le. Les informations fournies sont simples. Tu dois pouvoir les retrouver sans reprendre le texte.**

a. Quand la « bag-noz » apparaît-elle ? ……………………………………

b. D'où vient-elle ? ……………………………………

c. Où va-t-elle ? ……………………………………

d. Que font les marins de l'île quand ils la croisent ? ……………………………………

e. Qu'entendent-ils alors ? ……………………………………

f. Quels sentiments éprouvent-ils sur le moment ? ……………………………………

g. Quels sentiments doivent-ils éprouver ensuite, quand ils apprennent la « formule magique » et sa portée ? ……………………………………

h. Qualifie l'ambiance générale du texte. ……………………………………

i. Fais la liste des sentiments que t'inspire la lecture de ce texte. ……………………………………

……………………………………

À toi d'écrire

14 **Emploie l'expression « des voix tristes à fendre l'âme » dans un court texte de six lignes environ. *Consigne :* rédige un texte triste, mélancolique.**

15 **Voici deux expressions du texte : « à la tombée de la nuit » et « sitôt qu'on faisait mine d'approcher ». Emploie-les toutes les deux dans un texte d'une dizaine de lignes environ. *Temps verbal :* le passé.**

16 **Soit l'adjectif « sombre ». Compose quatre paragraphes de cinq lignes qui mettront en valeur son sens dans ces quatre situations particulières quand il désigne :**

a. une couleur

b. une affaire

c. une personne (son visage)

d. une personne (son caractère)

17 **Fais une phrase dans laquelle tu emploieras les expressions suivantes.**

une batelée de marins – au large – à la tombée de la nuit (choisis l'ordre que tu souhaites)

……………………………………

……………………………………

Rédaction

Rappel

• Pour être clair, un récit doit présenter avec précision :

– les circonstances dans lesquelles se déroule l'action : lieux, époque, moment particulier (saison, jour, heure éventuellement), ambiance générale ;

– les personnages qui interviennent dans le récit. Ces personnages peuvent être animés ou inanimés, réels ou imaginaires.

• Puis le récit s'organise autour d'un certain nombre d'événements qui apparaissent dans le texte selon un ordre logique. Même dans un texte légendaire qui accorde une grande part à l'imagination, la logique est respectée : le pilote serre le bateau fantôme, puis il hèle l'homme du bateau et l'embarcation disparaît.

• Compose une rédaction.

Un jour, un pilote qui connaît la légende a la présence d'esprit de prononcer la formule latine. Raconte la suite.

• Conseils pour t'aider.

1. Tu dois faire appel à ton imagination pour continuer un texte qui appartient à la légende.
2. Néanmoins, tu dois respecter une certaine logique et proposer une histoire cohérente.
3. Un poème de Victor Hugo, « Océano Nox », extrait du recueil *Les Rayons et les Ombres*, peut t'inspirer, te donner des idées.

Répertoire

Recopie les mots suivants et leur définition dans ton répertoire.

sinistre	les parages
sombres	voguer
un pavillon	un bateau fantôme

2 Récit merveilleux

Lis bien le texte

Suivons le prince !

À peine s'avança-t-il vers le bois, que tous ces grands arbres, ces ronces et ces épines s'écartèrent d'elles-mêmes pour le laisser passer. Il marche vers le château qu'il voyait au bout d'une grande avenue où il entra, et, ce qui le surprit un peu, il vit que personne de ses gens ne l'avait pu suivre, parce que les arbres s'étaient rapprochés dès qu'il avait été passé. Il ne laissa pas de continuer son chemin : un prince jeune et amoureux est toujours vaillant. Il entra dans une grande avant-cour, où tout ce qu'il vit d'abord était capable de le glacer de crainte. C'était un silence affreux : l'image de la mort s'y présentait partout, et ce n'étaient que des corps étendus d'hommes et d'animaux qui paraissaient morts. Il reconnut pourtant bien, au nez bourgeonné et à la face vermeille des suisses, qu'ils n'étaient qu'endormis ; et leurs tasses, où il y avait encore quelques gouttes de vin, montraient assez qu'ils s'étaient endormis en buvant.

Il passe une grande cour pavée de marbre ; il monte l'escalier ; il entre dans la salle des gardes, qui étaient rangés en haie, la carabine sur l'épaule, et ronflant de leur mieux. Il traverse plusieurs chambres, pleines de gentilshommes et de dames, dormant tous, les uns debout, les autres assis. Il entre dans une chambre toute dorée, et il voit sur un lit, dont les rideaux étaient ouverts de tous côtés, le plus beau spectacle qu'il eût jamais vu : une princesse qui paraissait avoir quinze ou seize ans, et dont l'éclat resplendissant avait quelque chose de lumineux et de divin. Il s'approcha en tremblant et en admirant, et se mit à genoux auprès d'elle.

Charles Perrault, *Contes*, « La Belle au bois dormant », 1697.

Retiens bien

• Un récit peut s'organiser autour d'événements étranges, bizarres, merveilleux, qui ne se produisent pas dans la réalité quotidienne. L'univers des contes de fées accorde une place importante à ces événements merveilleux : tout est toujours possible.

Observe le texte

1 **Quelle personne désigne le pronom personnel « il » ?** ....

2 **Quel mot du texte te permet d'identifier ce « il » ?** ....

3 **Combien de paragraphes ce texte comporte-t-il ? Délimite-les et donne-leur un titre.**

a. ....

b. ....

4 **À l'intérieur de cette structure du texte en paragraphes, il en existe une autre, moins apparente, plus subtile. Laquelle ?**
(Si tu ne parviens pas à répondre à cette question, passe aux suivantes.)

5 **Observe le temps des verbes du premier paragraphe ; à quel temps sont-ils ?**

6 **Observe le temps des verbes du second paragraphe ; à quel temps sont-ils majoritairement ?**

7 **Le début et la fin du texte.**

a. Relève la première phrase du texte.

b. Relève la dernière phrase du texte.

c. Que s'est-il passé entre ces deux phrases ? Résume le texte en un minimum de mots.

Comprends le texte

8 **Avec tes propres mots, le plus simplement possible, explique les expressions suivantes.**

a. personne de ses gens

b. il ne laissa pas de continuer son chemin

c. ce qu'il vit d'abord était capable de le glacer de crainte

d. la face vermeille des suisses

e. des gardes, qui étaient rangés en haie

9 **Ce récit merveilleux comporte une sorte de proverbe, de vérité générale, qui est donnée comme universelle.**

a. Quel est ce proverbe, cet aphorisme* ?

b. Quel est son sens ?

10 **Quel est le sens particulier du mot « spectacle » à la ligne 17 ?**

Analyse le texte

11 LES LIEUX

a. Quels lieux le prince doit-il franchir pour parvenir jusqu'à la princesse ? Indique les types de lieux.

b. Qualifie les lieux que franchit le prince.

c. Ces lieux sont merveilleux, enchantés. De quelle manière ?

12 LES PERSONNAGES

a. Quels sont les principaux personnages de l'extrait ?

b. Dresse la liste des personnages secondaires qui apparaissent dans le texte. Qu'ont en commun ceux qui n'appartiennent pas à la suite du prince ?

c. Quelles sont les qualités dont le prince fait preuve ?

d. Qu'est-ce qui explique l'attitude du prince, les raisons de son comportement ?

e. Quels sont les traits les plus remarquables de la princesse ? Précise tout ce que tu apprends à son sujet.

13 L'ACTION

Réponds à chacune des questions suivantes par une phrase correctement rédigée et qui mettra en évidence les nuances des comportements des personnages.

a. Que fait le prince ? (Avant de répondre, relis tous les verbes d'action qui décrivent ce qu'il fait.)

b. Que font les gens du prince ?

c. Que font les gens de la princesse ?

d. Que fait la princesse ?

14 LE MERVEILLEUX

L'univers dans lequel se déroule cette aventure est différent de l'univers réel, habituel, quotidien, auquel nous sommes confrontés. Pour chacun des domaines suivants, précise ce qui est différent.

a. le temps

b. les lieux

c. les personnages

d. l'action

À toi d'écrire

15 Compose un paragraphe d'une dizaine de lignes, fondé principalement sur l'énumération, et dont la première phrase sera : « Tout ce qu'il vit d'abord était capable de le glacer de crainte ».

Rédaction

Rappel

• Un récit merveilleux peut prendre des libertés avec la réalité que nous connaissons, et la transformer, l'embellir.

• Dans le conte de Charles Perrault, le château est magnifique, le prince et la princesse sont de parfaits héros, beaux, intelligents, qui s'entendront très bien et seront heureux jusqu'à la fin des temps. Le temps et la mort n'existent plus : un baiser du prince réveille la princesse de son sommeil de cent ans.

• Compose une rédaction.

Décris un univers merveilleux dans lequel tu aimerais vivre.

• Conseils pour t'aider.

1. Ce sujet fait appel à ton imagination et te laisse toute liberté pour créer le monde de tes rêves. Tu n'as pas à te soucier ni de la réalité ni de la vraisemblance.

2. Tu peux naturellement te souvenir de tes lectures : contes de fées, légendes mais aussi œuvres de science-fiction. Tu peux également te rappeler les films de ce genre que tu as vus.

3. Ton devoir gagnera à être structuré. Tu peux, par exemple, ordonner ton développement en consacrant un paragraphe à chacune des grandes particularités de l'univers que tu décris.

Répertoire

Recopie les mots suivants et leur définition dans ton répertoire.

vaillant	la crainte
vermeille	resplendissant
lumineux	divin

3 Récit de la vie quotidienne

Lis bien le texte

Tom et la jeune fille

Il s'assit à l'extrémité du banc ; la jeune fille eut un dédaigneux mouvement de la tête et se recula jusqu'à l'autre bout. Les camarades se poussaient du coude, échangeaient des clins d'œil et des chuchotements. Tom resta immobile, les bras sur son pupitre, paraissant absorbé dans l'étude de ses leçons.

Peu à peu l'attention se détourna de lui. Le bourdonnement habituel reprit son cours. Tom lança à sa voisine de furtifs coups d'œil. Celle-ci s'en aperçut, fit une moue et lui tourna délibérément le dos pendant un instant. Quand prudemment elle se retourna, elle trouva devant elle une pêche qu'elle repoussa. Tom la lui offrit à nouveau ; elle la repoussa encore quoique avec moins de fermeté. Patient, Tom renouvela sa manœuvre. Cette fois, elle ne repoussa plus la pêche. Tom écrivit sur son ardoise : « Prends-la, j'en ai d'autres. » La jeune fille lut mais ne broncha pas. Tom commença à faire sur son ardoise un dessin qu'il cachait soigneusement de sa main gauche. D'abord elle n'y prêta pas attention, puis le désir de voir fut le plus fort. Tom continua comme si de rien n'était. Elle essaya de regarder ; Tom fit semblant de ne pas s'en apercevoir. Cédant à sa curiosité, elle finit par murmurer timidement.

– Fais voir. [...]

– C'est splendide. Je voudrais bien savoir dessiner.

– Ça n'est pas difficile. Je t'apprendrai, dit Tom.

– Tu veux bien ? Quand ?

– À midi. Est-ce que tu retournes chez toi pour déjeuner ?

– Je resterai si tu veux.

– Ça, c'est chic ! Comment t'appelles-tu ?

– Becky Thatcher. Et toi ? Ah oui, je sais : Thomas Sawyer.

– C'est comme ça qu'on m'appelle quand il y a quelque chose qui ne va pas. Quand tout va bien je m'appelle Tom. Tu m'appelleras Tom, veux-tu ?

– Oui.

Mark Twain, *Les Aventures de Tom Sawyer*, 1876.

Retiens bien

• Un récit qui met en présence deux personnages peut comporter un dialogue* qui précise directement les propos qu'échangent les personnages.

Observe le texte

1 **Quelles sont les deux grandes parties de ce texte qui sont visibles dès le premier regard ?**

2 **À quel champ lexical* appartiennent les mots et expressions suivants ?**

banc – camarade – pupitre – l'étude de ses leçons – voisine – ardoise – dessin

3 **Quel renseignement fournit la réponse à la question 2 ?**

4 **Fais la liste des personnages présents dans le texte.**

5 **Relis le début du texte (quand Tom s'installe) et la fin du texte (quand les deux adolescents se présentent l'un à l'autre). Trouve un titre pour chacune de ces deux parties.**

6 **Il arrive qu'un même personnage soit désigné de plusieurs manières.**

a. Sous quelles dénominations Tom apparaît-il dans le texte ?

b. Sous quelles dénominations la jeune fille apparaît-elle dans le texte ?

7 **Le texte se compose d'un récit suivi d'un dialogue*.**

a. À quelle ligne le dialogue commence-t-il ? ....

b. À quelle ligne le dialogue se termine-t-il ? ....

Comprends le texte

8 **En un minimum de mots, donne le sens des mots suivants.**

a. dédaigneux

b. chuchotements

c. absorbé

d. furtif

9 **À quels mots ou expressions du texte de Mark Twain correspondent les mots ou expressions suivants ?**

a. elle fit une grimace

b. elle lui tourna volontairement le dos

c. Tom renouvela son geste

d. c'est magnifique

e. c'est gentil

10 **a. Quel est le sens de l'expression « Ça, c'est chic ! » (ligne 22) dans le texte ?**

b. Quel est l'autre sens du mot ?

Analyse le texte

11 LES DIFFÉRENTES ÉTAPES DU RÉCIT

a. Quelle est la situation de départ ?

b. Quels sont les gestes et les paroles qu'échangent les deux adolescents ? Recopie le tableau ci-dessous, puis complète chaque point en te référant au texte toutes les fois que tu auras un doute.

1. Tom lanca à sa voisine...
2. et...
3. puis elle...
4. elle repoussa la...
5. Tom...
6. cette fois-ci...
7. Tom fit un...
8. D'abord...
9. Puis...
10. Elle céda...

12 LE CARACTÈRE DES PERSONNAGES

a. De quelles qualités Tom fait-il preuve ?

b. Quels sont les sentiments de Becky :

– au début du texte ?

– quand Tom lui offre une pêche ?

– quand Tom lui donne son dessin ?

À toi d'écrire

13 Voici trois expressions du texte, intègre chacune d'entre elles dans un paragraphe d'environ six lignes.

a. il paraissait absorbé dans l'étude de ses leçons

b. le bourdonnement habituel reprit son cours

c. prends-la, j'en ai d'autres

14 Compose un texte d'une dizaine de lignes environ et dans lequel tu placeras chacune des expressions ; c'est à toi de choisir l'ordre dans lequel ces expressions apparaîtront dans ton texte.

a. un dédaigneux mouvement de tête

b. de furtifs coups d'œil

c. elle fit une moue

Rédaction

Rappel

• Un récit clair et ordonné présente l'enchaînement de différentes actions dans le temps.

• Les différentes étapes doivent être précisées au lecteur.

• Les adverbes de temps permettent de structurer le récit. « Puis », « ensuite », « après » sont des mots-outils utiles.

• Compose une rédaction.

Rédige un texte d'une dizaine de lignes environ qui pourrait introduire l'extrait que tu viens d'étudier.

• Conseils pour t'aider.

1. N'hésite pas à relire le texte, à plusieurs reprises, de manière à écrire un début qui soit précisément dans le ton.

2. Les deux protagonistes, Tom et Becky, jouent les rôles principaux dans le texte que tu as étudié. Mais ils ne sont pas seuls ; ils sont en classe et leurs camarades (qui « se poussaient du coude, échangeaient des clins d'œil et des chuchotements ») peuvent rapprocher les deux héros ou, au contraire, mettre des distances entre eux.

3. Le caractère des personnages joue un rôle important.
   Tom est dynamique. Il est décidé et ne s'épargnera aucun effort pour « conquérir » la jeune fille. Becky est froide et tente de résister aux assauts de gentillesse de Tom. La beauté du dessin finalement la touche et l'émeut.

4. Il faut conserver le même décor.

5. Il faut également conserver les temps verbaux.

Répertoire

Recopie les mots suivants et leur définition dans ton répertoire.

dédaigneux	délibérément
absorbé	une manœuvre

4 Récit réaliste

Lis bien le texte

Pêcheurs en Islande

La fraîcheur humide de l'air était plus intense, plus pénétrante que du vrai froid, et, en respirant, on sentait très fort le goût de sel. Tout était calme et il ne pleuvait plus ; en haut, des nuages informes et incolores semblaient contenir cette lumière latente qui ne s'expliquait pas ; on voyait clair, en ayant cependant conscience de la nuit, et toutes ces pâleurs des choses n'étaient d'aucune nuance pouvant être nommée.

Ces trois hommes qui se tenaient là vivaient depuis leur enfance sur ces mers froides, au milieu de leurs fantasmagories qui sont vagues et troubles comme des visions. Tout cet infini changeant, ils avaient coutume de le voir jouer autour de leur étroite maison de planches, et leurs yeux y étaient habitués autant que ceux des grands oiseaux du large.

Le navire se balançait lentement sur place, en rendant toujours sa même plainte, monotone comme une chanson de Bretagne répétée en rêve par un homme endormi. Yann et Sylvestre avaient préparé très vite leurs hameçons et leurs lignes, tandis que l'autre ouvrait un baril de sel et, aiguisant son grand couteau, s'asseyait derrière eux pour attendre.

Ce ne fut pas long. À peine avaient-ils jeté leurs lignes dans cette eau tranquille et froide, ils les relevèrent avec des poissons lourds, d'un gris luisant d'acier.

Et toujours, et toujours, les morues vives se faisaient prendre ; c'était rapide et incessant, cette pêche silencieuse. L'autre éventrait, avec son grand couteau, aplatissait, salait, comptait, et la saumure qui devait faire leur fortune au retour s'empilait derrière eux, toute ruisselante et fraîche.

Les heures passaient monotones, et, dans les grandes régions vides du dehors, lentement la lumière changeait ; elle semblait maintenant plus réelle. Ce qui avait été un crépuscule blême, une espèce de soir d'été hyperborée, devenait à présent, sans intermède de nuit, quelque chose comme une aurore, que tous les miroirs de la mer reflétaient en vagues traînées roses...

Pierre Loti, *Pêcheur d'Islande*, 1886.

Retiens bien

• Le texte de Pierre Loti peut être considéré comme une sorte de documentaire sur les conditions de vie des marins bretons pêchant au large de l'Islande, à la fin du XIXe siècle. C'est un récit réaliste.

Observe le texte

1 Voici un découpage de l'extrait en trois parties.

a. lignes 1 à 5 : ....

b. lignes 6 à 17 : ....

c. lignes 18 à 26 : ....

Trouve des titres qui donneront une idée aussi précise que possible du contenu des différentes parties.

2 Quel temps fait-il ? Relève une indication précise dans le texte.

3 À quel moment l'action se déroule-t-elle ? Quel mot de l'extrait te renseigne ?

4 Quel est le prénom des deux personnages principaux du texte ?

5 Quels poissons les deux hommes pêchent-ils ?

Comprends le texte

6 Rédige une définition des mots suivants à la manière du dictionnaire.

a. intense b. latente c. monotone

7 Voici trois définitions correspondant à trois mots du texte. Lesquels ?

a. de l'extrême nord, septentrional ....

b. représentations imaginaires et illusoires ....

c. lumière incertaine qui suit le coucher du soleil ....

8 Donne le sens des expressions suivantes en un minimum de mots. Il s'agit du sens que ces expressions ont dans le texte.

a. une fraîcheur [...] plus pénétrante que du vrai froid ....

b. une lumière latente ....

c. ils avaient coutume ....

9 Donne le radical* de chacun des mots suivants.

a. la fraîcheur : ....

c. refléter : ....

b. incessant : ....

d. incolore : ....

10 Quels objets sont désignés par les expressions suivantes ?

a. la saumure qui devait faire leur fortune au retour (ligne 20) ....

b. leur étroite maison de planches (ligne 9) ....

11 **Soit les mots suivants : « vague » (ligne 7) et « large » (ligne 10).**

a. À quelle catégorie grammaticale peuvent-ils appartenir ?

b. À quelle catégorie grammaticale appartiennent-ils dans le texte ?

c. Quel est leur sens dans l'extrait ?

d. Quels sont les autres sens de ces mots ?

12 **À quel champ sémantique* appartiennent les mots et expressions suivants ?**

sel – mer – baril de sel – eau – poisson – saumure

Analyse le texte

13 **Où l'action se déroule-t-elle ?** ....

14 **Quel temps fait-il ?** ....

15 **Comment peut-on qualifier les conditions générales dans lesquelles se trouvent les trois hommes ?** ....

16 **Quelles sont les impressions qui dominent dans le décor ?**

17 **Quelles sont les sensations que doivent éprouver les personnages ?**

18 **Qu'est-ce qui permet à ces personnages de supporter ces conditions de vie ?**

19 **Comment les marins ont-ils organisé leur travail à bord du bateau ?**

20 **Deux détails fournissent une indication sur l'époque à laquelle se déroule cette pêche à la morue ; lesquels ?**

À toi d'écrire

21 **Compose un texte de cinq phrases environ qui décrira la pêche à la morue telle qu'elle est présentée dans le texte.**

22 **Rédige un texte d'environ six lignes qui commencera par la phrase suivante : « Tout était calme et il ne pleuvait plus ». Attention aux temps verbaux : tu dois employer des temps du passé (imparfait, passé simple ou passé composé).**

23 **Rédige un texte d'une dizaine de lignes dans lequel apparaîtront les expressions suivantes dans un ordre que tu es libre de choisir.**

a. les mers froides

b. les grands oiseaux du large

c. des poissons lourds, d'un gris luisant d'acier

Rédaction

Rappel

• Quand un texte présente des événements réels qui se sont effectivement produits, ce texte s'inscrit dans la réalité, loin de l'imaginaire, du merveilleux.

• Pour rendre avec vérité la scène ou les scènes qu'il présente, ce texte insistera sur les détails qui permettront au lecteur de se faire une idée aussi précise que possible des circonstances dans lesquelles se déroule l'action.

• Compose une rédaction.

Tu as eu à souffrir des intempéries. Raconte.

• Conseils pour t'aider.

1. Par « intempéries », il faut entendre « dérèglements des conditions atmosphériques ». Tu peux donc choisir un moment de froid extrême ou de chaleur très grande.
2. Le sujet demande que soit bien créée une ambiance, comme dans l'extrait de Pierre Loti où la faible luminosité, le froid, l'aspect angoissant du brouillard sont bien rendus.
3. Ces conditions doivent être bien décrites, de manière que le lecteur sente tout ce que l'ambiance a de particulier et d'insupportable ; il faudra exprimer l'idée de souffrance. De quoi as-tu particulièrement souffert et comment as-tu fait pour te protéger de cette agression du climat ? Telles sont les deux questions auxquelles tu devras répondre dans la dernière partie de ton devoir.

Répertoire

Recopie les mots suivants et leur définition dans ton répertoire.

intense	monotone
incessant	blême

5 Récit avec morale

Lis bien le texte

Le vacher et le garde-chasse

Colin gardait un jour les vaches de son père ;
Colin n'avait pas de bergère
Et s'ennuyait tout seul. Le garde sort du bois.
« Depuis l'aube, dit-il, je cours dans cette plaine
Après un vieux chevreuil que j'ai manqué deux fois,
Et qui m'a mis tout hors d'haleine.
– Il vient de passer par là-bas,
Lui répondit Colin ; mais, si vous êtes las,
Reposez-vous, gardez mes vaches à ma place,
Et j'irai faire votre chasse,
Je réponds du chevreuil. – Ma foi, je le veux bien.
Tiens, voilà mon fusil, prends avec toi mon chien,
Va le tuer. » Colin s'apprête,
S'arme, appelle Sultan. Sultan, quoiqu'à regret,
Court avec lui vers la forêt.
Le chien bat les buissons ; il va, vient, sent, arrête ;
Et voilà le chevreuil... Colin impatient
Tire aussitôt, manque la bête,
Et blesse le pauvre Sultan.
À la suite du chien qui crie,
Colin revient à la prairie.
Il trouve le garde ronflant :
De vaches point ; elles étaient volées.
Le malheureux Colin, s'arrachant les cheveux,
Parcourt en gémissant les monts et les vallées.
Il ne voit rien. Le soir, sans vaches, tout honteux,
Colin retourne chez son père,
Et lui conte en tremblant l'affaire.
Celui-ci saisissant un bâton de cormier,
Corrige son cher fils de ses folles idées,
Puis lui dit : « Chacun son métier,
Les vaches seront bien gardées. »

Florian, *Fables*, 1792.

Retiens bien

- Comme la prose, la poésie peut raconter une histoire.
- Ici, le texte tire une leçon de l'histoire. C'est une fable.

Observe le texte

1 À quel genre littéraire as-tu affaire ? ....

2 Comment appelle-t-on chacune des lignes de ce texte ? ....

3 Observe la fin des mots de chaque ligne. Que remarques-tu ?

4 Après avoir lu le texte en entier, précise la relation qui unit le vacher et le garde-chasse.

5 Quel commentaire peux-tu faire sur la fin du texte ?

6 À quelle œuvre d'un auteur du XVIIe siècle ce texte te fait-il penser ?

....

Comprends le texte

7 Explique à ta manière les mots et expressions suivants.

a. un vieux chevreuil que j'ai manqué deux fois : ....

b. hors d'haleine : ....

c. las : ....

d. je réponds du chevreuil : ....

e. corriger son fils : ....

8 Qui sont les personnages présents dans le texte ? (S'ils sont désignés sous plusieurs noms, indique-les.)

9 Que fait chacun des trois personnages principaux de l'extrait ?

Analyse le texte

10 Quelles sont les différentes parties de ce texte ? Donne-leur un titre et délimite-les en isolant les différents événements qui se déroulent.

11 Donne à ce texte trois titres humoristiques.

a. *Exemple :* Qui va à la chasse perd ses vaches.

b. ....

c. ....

d. ....

12 Pour quelles raisons Colin se retrouve-t-il dans une situation embarrassante ?

....

13 Résume cette situation embarrassante.

....

14 Quels traits du caractère de Colin apparaissent dans cet extrait ?

....

15 Quel jugement peux-tu porter sur l'attitude du garde-chasse ?

16 Quel terme technique peut désigner la fin de cet extrait ? ....

17 Es-tu d'accord avec cette fin ? Dans les deux cas, justifie ta réponse.

18 Comment s'appelle la figure de style contenue dans le vers 16 ?

....

À toi d'écrire

19 Compose un paragraphe de six lignes environ qui développera chacune des idées suivantes, en fournissant des détails.

a. il s'ennuyait tout seul

b. de vaches point ; elles étaient volées

c. il lui conte en tremblant l'affaire

20 Place chacune des expressions suivantes dans un texte d'une quinzaine de lignes qui mettra son sens en valeur.

a. si vous êtes las, reposez-vous (dans un dialogue)

b. ma foi, je le veux bien (réponse finale à une proposition précise)

c. quoiqu'à regret (à placer en milieu de texte)

21 Compose un petit poème de quatre vers dans lequel les mots suivants viendront à la rime* dans l'ordre indiqué.

père – bergère – roi – bois

22 Quelles peuvent être les occupations de Colin quand il garde ses vaches ? Énumère-les.

23 Complète la phrase suivante : « Depuis l'aube, je cours dans cette plaine et… » Conserve le présent de l'indicatif et sois le plus bref possible.

Rédaction

Rappel

• Un récit avec morale raconte une histoire précise en présentant ses différentes péripéties*.

• D'une anecdote particulière, il tire une leçon d'ordre général, un conseil, une leçon de portée générale.

• Compose une rédaction.

Écris un récit qui comportera une morale*.

• Conseils pour t'aider.

1. Bien évidemment, tu peux écrire en prose ; tu n'es pas obligé de rédiger ton devoir en vers.
2. Tu peux emprunter un sujet, une histoire de ton expérience personnelle, raconter une anecdote que tu as vécue.
3. Ton devoir devra comporter deux parties :
   a. le récit de l'anecdote : les circonstances, les lieux, les personnages, l'époque, tout ce qui permet de bien comprendre l'histoire ;
   b. la leçon que tu as tirée de l'histoire, mais qui a une portée universelle, générale.
4. Il est essentiel qu'il y ait une morale à l'histoire que tu exposes, même si la morale tient beaucoup moins de place que l'histoire. La morale peut ne tenir qu'en deux ou trois phrases : une morale est dense, condensée, ramassée.

Répertoire

Recopie les mots suivants et leur définition dans ton répertoire.

las	s'apprêter
gémir	honteux

Évaluation

Récréa-jeux

Voici dix questions portant sur les cinq extraits que tu as étudiés dans ce premier chapitre ou sur les exercices que tu as effectués à la suite de ces extraits.

1. Réponds à chacune de ces questions.

2. Relis tes réponses et améliore-les toutes les fois que tu le jugeras utile.

3. Contrôle l'exactitude de tes réponses en te reportant aux corrigés page 106.

4. Note-toi : un point par réponse exacte.

5. Corrige et complète tes réponses à l'aide des explications et des corrigés.

1 Donne la définition d'une ville fantôme. ....

....

2 Quel est le titre exact du récit merveilleux que tu as découvert dans ce chapitre ? De quel ouvrage est-il extrait ? Qui en est l'auteur ?

....

3 Quel fruit Tom offre-t-il à Becky ?

4 Qui est l'auteur de la fable que tu as étudiée ?

5 Que signifie l'expression la « bag-noz » ?

6 Quel est l'extrait que tu as lu dans ce chapitre et qui se déroule en classe, pendant une leçon ? ....

7 Comment traduit-on « Resquiescant in pace » ?

8 De quel conte est extrait le texte de Charles Perrault que tu as étudié ?

....

9 Complète la morale qui est située à la fin de la fable « Le vacher et le garde-chasse » :

« Chacun son ....,

Les .... seront bien .... »

10 Deux extraits de ce chapitre accordent une large place à la mer. Lesquels ?

....

Jeux

1. Réponds à chaque question.

2. Contrôle ta réponse en te reportant aux corrigés page 106.

3. Chaque réponse exacte te rapporte deux points.

Les personnages à découvrir

De quel personnage avec lequel tu as fait connaissance dans ce chapitre est-il question ?

1 Il s'ennuie. Il est serviable mais naïf. Il sera bien mal récompensé de sa gentillesse.

....

2 Ils vivent sur une étroite maison de planches. ....

3 Elle paraît lointaine, distante, hautaine, mais elle deviendra rapidement l'amie d'un garçon qui l'aime bien. ....

4 Il a le courage de vaincre sa peur et de poser une question, mais hélas, cette question n'est pas celle qu'il fallait poser. ....

5 Il est généreux, dynamique, gai, obstiné, il a parfois des problèmes avec ses professeurs. ....

Les intrus à éliminer

Élimine les intrus, toutes les fois que c'est nécessaire.

6 Quels sont les lieux dont il n'a pas été question dans les extraits que tu viens de découvrir ?

île de Sein – île des Glénans – île de Ré – Islande – Irlande

7 La fable de Florian présente un certain nombre d'êtres animés dont :

Colin – son père – le garde-chasse – un voisin – Sultan

8 Les marins, dans l'extrait de *Pêcheur d'Islande* pêchent :

des saumons – des morues – des aloses

9 Pour attirer l'attention de Becky Thatcher, Tom se livre à une série de manèges :

a. il fait semblant d'être absorbé ;
b. il fait un dessin sur son ardoise.

10 Parmi les êtres animés qui sont endormis autour de la princesse, il y a :

les suisses – des gentilshommes – des dames – la reine

La description

Qu'est-ce qu'une description ?

Une description est un texte, en prose ou en vers, qui présente, avec le plus de précisions possibles, un ensemble inanimé.

Tout peut être décrit, du plus petit au plus grand, du plus modeste au plus précieux, d'une bague retrouvée dans une tombe égyptienne à un lac de montagne émergeant dans la brume, à la chambre d'un adolescent désordonné.

Comment réussir une description ?

Une description réussie est celle qui permet au lecteur de pouvoir se représenter ce qui lui a été décrit. C'est dire qu'aucun élément d'importance ne doit être oublié.

La description donnera donc un maximum d'informations concrètes.

Exemple : **pour décrire une poupée**

- en quelle matière est-elle : cire, plastique, chiffon, tissu, porcelaine, celluloïd ?
- qui représente-t-elle : un bébé (c'est un baigneur), une petite fille, un garçon, (c'est un poupon), une vieille dame (c'est un santon habillé) ?
- quelle impression d'ensemble produit-elle : est-elle mignonne, amusante, hideuse ?
- quel est son usage : est-ce un jouet (solide et simple pour un bébé ; sophistiqué, maquillé pour une petite fille qui veut y retrouver une certaine image de la vie adulte) ? est-ce un objet décoratif (pour orner un meuble, par exemple) ?

Ces précisions ne sont que les premières qu'il faut fournir pour caractériser l'objet. D'autres viennent ensuite, librement choisies par celui qui compose la description, et en fonction de ses goûts, de ses préférences.

Les différents types de descriptions

Toutes les descriptions ne sont pas comparables, elles ne se ressemblent pas et elles n'ont pas la même fonction.

1 La description informative

Brute et objective, elle fournit un maximum de renseignements précis et concrets, sans aucune recherche de style.

Exemple

« Table en bois blanc, 1 m sur 2, possibilité de rallonges (50 cm × 2 cm), état parfait. »
Ce type de description utilitaire se trouve notamment dans les catalogues de vente.

2 La description littéraire objective

Exemple 1

Méthodique, méticuleuse et organisée, elle a une allure scientifique :

Dionisodor m'a fait cadeau de deux lecythi, petits vases d'argile brûlée qu'on emploie ici pendant le service des morts et que l'on dépose dans les tombes, auprès des cadavres. L'un est rouge et les figures façonnées sur sa paroi sont noires. L'autre a conservé le fond noir, tel qu'on l'a sorti de la flamme et les figures qui s'y trouvent modelées sont rouges, de la couleur naturelle de l'argile, telle qu'elle est restée au-dessous de l'émail.

Vintila Horia, *Dieu est né en exil*, Fayard, 1960.

Exemple 2

Elle est objective mais crée une ambiance, une atmosphère :

Vendredi 7 novembre. Concarneau est désert. L'horloge lumineuse de la vieille ville, qu'on aperçoit au-dessus des remparts, marque onze heures moins cinq.

C'est le plein de la marée et une tempête du sud-ouest fait s'entrechoquer les barques dans le port. Le vent s'engouffre dans les rues, où l'on voit parfois des bouts de papier filer à toute allure au ras du sol.

Quai de l'Aiguillon, il n'y a pas une lumière. Tout est fermé. Tout le monde dort. Seules les trois fenêtres de l'hôtel de l'Amiral, à l'angle de la place et du quai, sont encore éclairées.

Georges Simenon, *Le Chien jaune*, Fayard, 1936.

3 La description littéraire subjective

Elle décrit des lieux et indique aussi quels sont les sentiments du narrateur pour ces lieux :

J'aimais cette cabane. À des ficelles pendaient des oignons, des aulx, et des grappes de clairettes. Il y avait des étagères, portant quelques pots à semis et des sachets de graines. Un établi avec son étau, un marteau, des limes, des tenailles et une boîte à clous, rendait, à mes yeux, ce lieu singulièrement respectable. Je m'y plaisais.

Henri Bosco, *Antonin*, Gallimard, 1952.

6 Description d'un paysage mystérieux

Lis bien le texte

En route pour Malicroix

C'est le 13 novembre que je quittai ma résidence du « Castellet » où je vivais alors, en compagnie de mes oncles et de mes cousins Mégremut. La région où j'allais étant peu accessible, je voyageai deux jours, tant en diligence qu'à pied. Je parcourus ainsi plus de trente lieues.

J'arrivai vers le soir dans une plaine. Elle était grande, nue. Quelques rares boqueteaux se tordaient au ras du sol. La diligence s'arrêta au croisement de deux pauvres chemins, devant un vieux poteau. J'en étais le seul voyageur. Quand j'eus débarqué, elle s'éloigna tristement vers l'ouest. Haute, maigre, bâchée de noir, elle roulait, elle tanguait dans les fondrières.

Le vent avait arraché les deux planches indicatrices. En vue, pas de maison. Je m'assis, au pied du poteau, sur une pierre.

Très loin au fond de cette plaine nue, vers l'ouest, l'horizon était marqué par une muraille bleuâtre. Une forêt, à en juger par les vapeurs qui flottaient sur cette paroi sombre ; elle devait cacher de vastes étendues humides.

Le jour tombait. La terre devenait grisâtre. J'attendais, l'œil fixé sur la ligne des arbres où l'un des deux chemins conduisait tout droit. J'étais inquiet. Enfin je vis un homme. Il avait dû sortir de la forêt et il marchait dans ma direction. Je me levai et allai à sa rencontre. Quand je fus près de lui, il s'arrêta.

Henri Bosco, *Malicroix*, Gallimard, 1948.

Retiens bien

• La description d'un paysage n'est pas toujours statique, figée. Il arrive, comme dans ce texte, que le lecteur découvre un paysage au fur et à mesure que le narrateur lui-même le découvre. De cette façon, il s'imprègne progressivement de l'atmosphère qui baigne le paysage.

Observe le texte

1 **Quelle remarque peux-tu faire sur la longueur moyenne des phrases ? Quel est l'effet produit ?**

2 **Combien y a-t-il d'alinéas* dans cet extrait ? Combien y a-t-il de paragraphes ?**

3 **Lis uniquement le début de chaque alinéa ; quel est le mouvement du texte ?**

4 **Quels sont les trois actes les plus importants du narrateur dans le texte ?**

5 **Quels sont les temps verbaux employés dans cet extrait ?**

6 **Donne à cet extrait un titre qui prendra en considération les temps verbaux employés.** ....

Comprends le texte

7 **Donne le sens des mots suivants en rédigeant une définition à la manière du dictionnaire.**

a. une résidence
b. des fondrières
c. accessible
d. un boqueteau

8 **Quel commentaire commun peux-tu faire sur les deux expressions suivantes ?**

a. le narrateur voyage en diligence
b. il parcourt trente lieues

Analyse le texte

9 **À quel vocabulaire particulier appartiennent en général les verbes « débarquer » et « tanguer » ?**

10 **Pour quelle raison l'auteur emploie-t-il ces deux verbes pour la diligence ? Quel est l'effet produit ?**

11 **Relis le texte et relève une dizaine d'adjectifs et d'expressions qui décrivent le paysage.**

12 **À quel moment de la journée le paysage est-il décrit ? Ce détail a-t-il une importance à ton avis ? Pourquoi ?**

13 **Parmi les adjectifs suivants, souligne ceux qui peuvent s'appliquer au paysage décrit dans le texte.**

animé	vide	désert	plaisant
grandiose	paisible	riant	serein

14 **À l'intérieur de la description du paysage, il y a une seconde description ; que décrit le narrateur* ?**

15 **Note les principales indications qui te sont fournies sur la diligence.**

16 **Quel effet cette diligence produit-elle sur le narrateur ?**
Quels sentiments éprouve-t-il ?

17 **Cherche quatre adjectifs qui pourront s'appliquer à la fois au paysage et à la diligence.** ....

18 **Quel adjectif est volontairement répété par l'auteur* ?**
Quel est l'effet produit par cette répétition ?

À toi d'écrire

19 **Compose un paragraphe de cinq lignes environ qui mettra en scène.**

a. un pauvre homme

b. un homme pauvre

20 **Emploie chacun des mots suivants dans une courte phrase qui mettra son sens en valeur.**

a. désert

b. désertique

c. désertification

21 **Compose un texte cohérent qui s'organisera autour des expressions et des mots suivants empruntés au texte et que tu feras apparaître dans l'ordre dans lequel ils te sont donnés.**

forêt – la terre grisâtre – de vastes étendues humides – une muraille bleuâtre – le vent – deux pauvres chemins – un vieux poteau

22 **Voici des extraits de phrases du texte. Recopie-les et complète-les avec des indications de ton choix.**

a. C'est le 13 novembre que je quittai... où je vivais alors en compagnie de... .

b. J'arrivai vers le... dans... .

c. La diligence s'arrêta... devant... .

Rédaction

Rappel

- Une description fournit le plus de détails possibles.
- Ici, le paysage est décrit avec précision : le narrateur nous présente les éléments principaux du paysage.
- Ces éléments sont qualifiés à l'aide d'adjectifs (la plaine est « grande » et « nue », le poteau est « vieux ») ou d'expressions (les boqueteaux se tordent au ras du sol).
- Grâce à l'abondance et à la précision des détails fournis, le narrateur nous donne à voir le paysage.
- Mais toute l'atmosphère étrange et angoissante des lieux est rendue par un certain ton du texte, par des précisions qui en renforcent l'étrangeté : la diligence « s'éloigna tristement », une « muraille bleuâtre » marque l'horizon.

• Compose une rédaction.

Donne une suite à ce texte.

• Conseils pour t'aider.

Tu dois imaginer une suite de ton choix, mais il y a des contraintes auxquelles tu ne peux échapper :

1. *Contraintes formelles, de style :*
   - emploi du passé simple et de l'imparfait,
   - récit à la première personne du singulier,
   - phrases courtes et simples.
2. *Contraintes de fond :*
   - le décor est inhospitalier, angoissant,
   - le narrateur est venu visiter le domaine que lui a légué son grand-oncle. Par le notaire, il a été averti qu'un homme l'attendrait à l'arrivée de la diligence. Cet homme, il ne le connaît pas...

Répertoire

Recopie les mots suivants et leur définition dans ton répertoire.

une résidence — un boqueteau — les fondrières

7 Description de magasins

Lis bien le texte

Boutiques et... boutiques

D'ailleurs, pour vous rendre compte que je dis vrai, jetez un coup d'œil dans la rue où j'ai ma boutique de papeterie. Vous trouverez, du même côté, à la suite l'un de l'autre, Tolomei le charcutier, De Santis le marchand d'œufs et volailles, De Angelis, le fabricant de pâtes avec son fourneau-bouilleur et Crociani qui vend du vin et des alcools. Venez observer ce qui se passe et regardez autour de vous : des montagnes de fromages et de jambons, de vrais carnages de poulets et de volailles, des sacs de raviolis, des pyramides de fiasques et de bouteilles, tout cela rutilant de lumière, splendide, et une allée et venue continuelle de gens entrant dans ces quatre boutiques, en sortant les bras chargés ; une agitation de port de mer ! Dans ma papeterie-librairie, que trouverez-vous au contraire : le silence, l'ombre, le calme, la poussière sur le comptoir et de temps à autre un petit garçon venant acheter un cahier de classe, quelque femme qui demande une petite bouteille d'encre pour écrire ses comptes de ménage. Et moi, fait à l'image de ma boutique, vêtu d'une blouse noire, maigre, mal nourri, tout imprégné d'une odeur de poussière et de papier, l'humeur aigre, le front soucieux. Alors que Tolomei, De Angelis, Crociani, De Santis sont tout le portrait de leurs affaires, prospères, hauts en couleurs, gras, la voix assurée, toujours gais, toujours insouciants. Ah ! j'ai mal choisi mon métier : il n'y a pas grand-chose à tirer du papier blanc ou imprimé, et ceux dont je vous parle en consomment plus pour envelopper leurs marchandises que moi pour faire lire ou écrire.

Alberto Moravia, « Le pique-nique », *Nouvelles romaines*,
traduit de l'italien par Claude Poncet, Garnier-Flammarion, 1992.

Retiens bien

• Une description qui veut présenter une multitude d'objets, de produits, peut s'organiser autour des procédés de style que sont l'énumération et l'accumulation*.

Observe le texte

1 Qui parle ? À qui ? (Formule de prudentes hypothèses.)

2 Dresse la liste des commerçants et celle des boutiques en complétant le tableau.

Nom du commerçant	Type de commerce

a. Quelle remarque fais-tu sur les noms de famille (les patronymes) des commerçants ?

b. Quelle remarque fais-tu sur les types de commerces ? Quelle expression générique s'applique à eux tous ?

c. Rédige un paragraphe qui reprendra les réponses que tu viens de donner à cette question.

d. Quelle hypothèse peux-tu formuler sur le lieu où se situent ces boutiques ?

e. Quel détail peut venir confirmer ton hypothèse ?

3 Quel commerce le narrateur* tient-il ? (Sois précis dans ta réponse.)

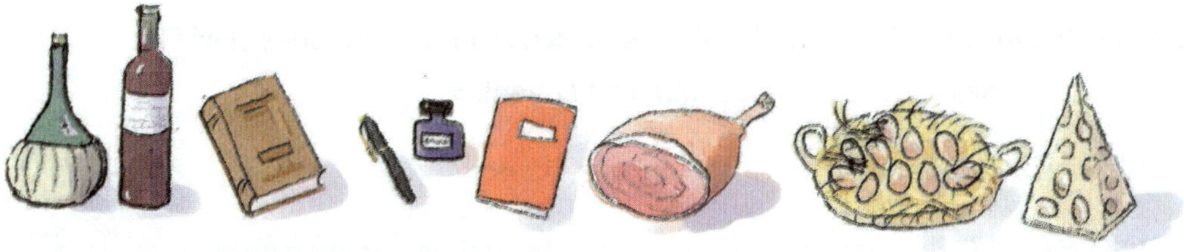

Comprends le texte

4 Donne la définition des mots suivants ; sois le plus précis et le plus complet possible, notamment dans l'énumération des produits distribués par chaque commerce.

a. papeterie b. librairie c. charcuterie

5 Explique chacune des expressions suivantes.

a. des montagnes de fromages et de jambons

b. de vrais carnages de poulets et de volailles

c. des pyramides de fiasques et de bouteilles

6 Quels sont les points communs des trois expressions que tu viens d'expliquer ?

a. du point de vue stylistique

b. du point de vue de l'effet qu'elles produisent

7 Quelles sont les deux expressions du texte qui indiquent le mouvement de la clientèle ?

8 **Quels sont les quatre mots du texte qui s'opposent totalement aux expressions précédentes ?**

....

9 **Reprends tes réponses aux questions 6 et 7 puis rédige deux courts paragraphes qui exprimeront tout ce qui oppose la boutique du papetier à celle de ses voisins. Tu adopteras la construction suivante.**

Chez le papetier règnent...

Chez les autres commerçants, en revanche, règnent...

Analyse le texte

10 **Que veut prouver le papetier ? À qui ?**

11 **Quel est son état d'esprit ? Quels sont les sentiments qui l'animent ? (Sois attentif, notamment, aux dernières lignes de l'extrait.)**

12 **Complète la phrase suivante :**

« Cet extrait d'Alberto Moravia présente une description de boutiques suivie de .... des .... qui les tiennent. »

13 **Relève six détails appartenant au portrait du papetier.**

14 **Relève six détails appartenant au portrait des autres commerçants.**

15 **Rédige une phrase de conclusion qui fera un bilan des deux tableaux que tu viens de composer.**

16 **Les commerçants ressemblent à leur boutique et réciproquement. Cette idée est exprimée à deux reprises.**

a. Relève les deux expressions qui expriment cette idée.

b. Réemploie le début de ces deux expressions dans deux paragraphes de six lignes environ qui établiront un parallèle entre un enfant studieux et son bureau, puis entre un enfant paresseux et son bureau.

À toi d'écrire

17 **En imitant le texte, décris un magasin de bonbons (dix lignes).**

18 **Les commerçants du quartier vont se réunir pour fêter Noël ensemble. Dans quel état d'esprit sera le papetier ? En une dizaine de lignes, imagine ce qui se passera lors de cette « fête ».**

Rédaction

Rappel

• Une description qui présente des objets a souvent recours au procédé de l'énumération* ou de l'accumulation*.

Exemple : **fromages et jambons, poulets et volailles, raviolis, fiasques et bouteilles.**

• Elle peut aussi indiquer ce qui caractérise principalement ces objets. Ici, l'auteur a voulu insister sur le nombre, la quantité, l'abondance.

• Le style consiste à remplacer les expressions passe-partout par des images originales qui rendent l'image encore plus frappante.

Exemples : **« des montagnes de... », « de vrais carnages de... » « des pyramides de... ».**

• Compose une rédaction.

Décris une rue commerçante d'une grande ville riche, à la veille de Noël.

• Conseils pour t'aider.

1. Le sujet te demande d'insister sur la notion de richesse qui peut se traduire de plusieurs manières : l'abondance des produits proposés et leur qualité, comme l'abondance et le luxe de la décoration dans les vitrines, sur les façades des immeubles, dans les arbres, etc.
2. Mobilise tes souvenirs en revoyant mentalement une rue qui t'a particulièrement marqué.
3. De manière à ne rien oublier, classe les différents éléments de la description : la rue, les vitrines, les passants, etc.

Répertoire

Recopie les mots suivants et leur définition dans ton répertoire.

un carnage	une pyramide	une fiasque
splendide	prospère	

8 Description réaliste d'un village

Lis bien le texte

Village de pêcheurs

Nous arrivâmes enfin, après trois heures de voyage, devant un village de pêcheurs. Des huttes misérables, à demi enterrées, soutenues par des poutres et couvertes de terre sèche. La mer se trouvait à une centaine de pas. On était sur une petite hauteur, d'où je pus contempler, en tournant les yeux vers l'ouest, un paysage d'une ineffable beauté. Pas très loin, les couleurs du couchant se reflétaient dans les eaux d'une autre mer, tout à fait tranquille, dont je vis au loin le rivage. C'était un lac d'eau douce, je l'appris tout de suite après. Des barques immobiles s'y trouvaient, comme de petites îles noires, parsemées sur son étendue, les voiles tombées ; des barques de pêcheurs qui n'avaient jamais entendu parler ni de moi ni d'Auguste, qui semblaient être là depuis le commencement du monde. Des feux crépitaient devant les chaumières et des femmes s'agitaient autour des flammes. D'autres barques se trouvaient sur la plage, du côté de la mer, avec des hommes qui préparaient les filets.

Vintila Horia, *Dieu est né en exil*, Fayard, 1960.

Retiens bien

- Certains textes présentent des descriptions de lieux jusque-là inconnus du narrateur lui-même.
- Le lecteur découvre donc un lieu en même temps que le narrateur.

Observe le texte

1 Qui parle à ton avis ? Quels renseignements a-t-on sur le narrateur* ? Quelles hypothèses peux-tu formuler sur cet homme ?

2 Qui désigne le « nous » ? ....

3 Quels sont les temps verbaux qui dominent le texte ? De quel genre de texte s'agit-il donc ?

4 Quelle impression d'ensemble se dégage de ce paysage ? (Réponds par un seul adjectif.)

....

Comprends le texte

5 À la manière du dictionnaire, rédige la définition des mots suivants.

a. lac b. village c. rivage

6 Explique avec tes propres mots, et en rédigeant des phrases, les expressions suivantes.

a. des huttes misérables

b. un paysage d'une ineffable beauté

c. des feux crépitaient

7 Donne le contraire de chacune des expressions suivantes.

a. une mer tranquille → ....

b. une personne tranquille → ....

c. une barque immobile → ....

d. une voiture immobile → ....

e. l'eau douce → ....

8 Dresse le champ sémantique* de chacun des mots suivants.

a. filet b. hauteur c. voile

9 Dresse le champ lexical* de la mer et celui de l'activité humaine dans le texte.

10 Donne un maximum de mots appartenant à la même famille* que le mot « misérable ».

11 Emploie le mot « misérable » dans deux phrases dans lesquelles il aura un sens différent.

Analyse le texte

12 Donne toutes les indications possibles sur le lieu dans lequel arrivent le narrateur* et celui ou ceux qui l'accompagnent.

13 Présente ce lieu en cinq adjectifs qualificatifs.

....

14 Quel effet produit ce village quand le narrateur le découvre ?

....

15 Cette impression première change. Quelle impression va dominer la fin de la description ? Qu'est-ce qui a permis ce changement d'impression, à ton avis ?

16 Qui sont les habitants du village ? Que font-ils ? Comment vivent-ils par rapport au reste du monde ?

17 Peux-tu situer l'époque à laquelle ce village est visité, puis décrit par le narrateur ? (Rédige ta réponse et justifie-la, qu'elle soit affirmative ou négative.)

18 Lis la référence du texte. Quel type de renseignement te donne le titre du livre dont est extraite cette description ?

19 Soit les éléments suivants fournis par le texte : la notion d'exil, la mention d'Auguste, le lieu (qui est en fait le bord de la mer Noire, sur la côte de l'actuelle Roumanie). Ces éléments te permettent-ils d'avoir une idée de la personnalité du narrateur ?

À toi d'écrire

20 « Un paysage d'une ineffable beauté » ; tel est le titre d'une description de ton choix qui comptera une dizaine de lignes.

21 Sylvie aime la mer, Emmanuel préfère la montagne. Chacun d'eux défend son paysage préféré en une dizaine de lignes.

22 Soit la phrase suivante : « La mer se trouvait à une centaine de pas. » Place-la dans un texte d'une quinzaine de lignes (une description ou un récit), au début, au milieu ou à la fin de ta rédaction.

23 Compose une description dans laquelle chacune des expressions suivantes apparaîtra dans l'ordre qui t'est donné.

a. les lueurs du couchant
b. au loin le rivage
c. un lac d'eau douce
d. des barques immobiles

Rédaction

Rappel

• Une description s'organise souvent autour d'un paysage particulier ; ici, un village de pêcheurs sur les bords de la mer Noire.

• La description s'attache aux détails concrets, matériels, visuels : « des huttes misérables », « la mer », « un lac d'eau douce », « des barques », « des feux ».

• Mais, au fil de la description, l'auteur nous livre ses sentiments, ses états d'âme qui nous renseignent sur sa personnalité, sur son passé. Le paysage est ici décrit avec subjectivité par un Romain, le poète Ovide, qui fut exilé par l'empereur Auguste, sur les bords de la mer Noire. Il vécut de – 43 avant Jésus-Christ à 17 ou 18 après Jésus-Christ.

• Ainsi une description porte souvent la marque de celui qui la compose.

• Compose une rédaction.

Christian décrit avec enthousiasme ce qui est pour lui un paysage d'une « ineffable beauté » : la côte normande battue par les vents et par la pluie.

Anne décrit avec enthousiasme ce qui est pour elle un paysage d'une « ineffable beauté » : la côte méditerranéenne écrasée de chaleur et de soleil.

Christian essaye de convaincre Anne et réciproquement.

• Conseils pour t'aider.

1. Les deux paragraphes qui s'opposent comporteront chacun une dizaine de lignes.
2. Un dialogue donnera de la vivacité au devoir.

Répertoire

Recopie les mots suivants et leur définition dans ton répertoire.

ineffable — l'eau douce — la terre sèche

9 Description documentaire

Lis bien le texte

Des hôtels pour poissons

On coule nos épaves

Les épaves de notre vie quotidienne ne sont pas destinées à terminer leur vie sous la surface des mers et des océans. Pourtant, des scientifiques n'hésitent plus à couler, ici une carcasse de navire, là des voitures ou des blocs de béton aux formes étranges, voire d'énormes paquets de pneus liés entre eux. On trouve même, sur certains fonds marins, des camions, des autobus ou encore des frigos. Malgré les apparences, de tels récifs artificiels n'ont rien de scandaleux et, loin de nuire à la qualité de la vie sous-marine, ils contribuent plutôt à sa bonne santé ! Mais gardons-nous bien d'en tirer la conclusion que l'on peut couler n'importe quoi, n'importe comment et n'importe où sous les flots bleus.

Des « hôtels » pour poissons

En 1980, alors que Taiwan passait par le fond 31 bateaux et que Port-la-Nouvelle (Aude) en sabordait deux, de nouvelles structures en béton, véritables « hôtels » pour poissons, commencèrent à être immergées, notamment dans trois zones marines protégées de la Méditerranée, à Golfe-Juan, Beaulieu et Roquebrune. Ces récifs artificiels modulaires de plusieurs mètres cubes chacun, installés à proximité des côtes et à des profondeurs comprises entre 15 et 65 mètres, dans des zones habituellement pauvres en poissons, ont permis de multiplier la biomasse par cent et le nombre des espèces par quatre. Mieux, ces récifs artificiels, métalliques ou en béton, permettent le retour des poissons nobles, tels le mérou et le corbe.

Ça ressemble à des jardins

Aujourd'hui encore, des épaves diverses (débarrassées de leurs produits polluants) et des récifs modulaires de toutes formes sont immergés dans les zones où la faune et la flore ont du mal à se fixer, faute de niches écologiques accueillantes. Dans ces récifs artificiels, chaque espèce peut trouver une place et un abri bien adaptés. Les sédiments, venant rapidement se fixer sur ces épaves, se chargent d'en gommer la silhouette originelle. Sous l'eau, la vie reprend vite ses droits et les zones d'immersion de ces récifs-épaves ne ressemblent en rien à des cimetières marins, mais bien plutôt à des jardins luxuriants. Cette technique peut, à l'occasion, offrir des débouchés intéressants à certains déchets, comme en témoigne le brevet déposé récemment par une entreprise marseillaise, pour fabriquer des récifs artificiels à partir des anciens poteaux en béton réformés par EDF.

Michel Cellier, « Écologie, notre environnement »,
Télé 7 jours, du 27 mai au 2 juin 1995.

Retiens bien

- La description est un genre d'expression que l'on peut découvrir ailleurs que dans les textes littéraires.
- Une grande masse d'informations se transmet par le biais de descriptions.

Observe le texte

1 **Quel commentaire peux-tu faire sur le titre donné à ce texte ?**

2 **Note les trois intertitres du texte. Quel type de renseignements te fournissent-ils ?**

3 **Recopie toutes les références du texte.**

a. De quel genre de texte s'agit-il ?

b. Quel est le public auquel il s'adresse initialement ?

c. Quelle est sa finalité première (plaire, distraire, amuser, détendre, informer, critiquer, juger, etc.) ?

Comprends le texte

4 **À la manière du dictionnaire, rédige la définition des mots suivants.**

épave – artificiel – saborder – luxuriant – un débouché

5 **En un minimum de mots, dis ce que sont la « faune » et la « flore ».**

6 **En rédigeant soigneusement tes phrases, explique chacune des expressions suivantes.**

a. les épaves de notre vie quotidienne

b. de tels récifs artificiels n'ont rien de scandaleux

c. des niches écologiques accueillantes

7 **Dresse le champ sémantique* des mots suivants.**

a. couler   b. un fond

8 **Soit le mot « épave »**

a. Quel est son sens propre ?

b. Quel est son sens figuré ?

c. Rédige deux phrases dans lesquelles le sens du mot sera mis en valeur.

9 **Donne un maximum de mots formés sur le radical* « mer » ou « mar ». Construis ta liste méthodiquement, d'abord avec des préfixes, puis avec des suffixes.**

10 **Relève un maximum de mots et d'expressions du texte appartenant :**

a. au champ lexical* de la mer

b. au champ lexical de la protection de l'environnement

11 **D'où vient le mot « frigo » ? Comment a-t-il été formé ?**

12 a. À quels mots du texte l'expression « flots bleus » renvoie-t-elle ?

b. Comment appelle-t-on cette figure de style ?

c. Pour quelles raisons, à ton avis, l'auteur l'a-t-il employée ?

Analyse le texte

13 **Que faisait-on souvent, autrefois, des « épaves de notre vie quotidienne », en bordure de littoral ?**

14 **Cette attitude était-elle bonne ? Pourquoi ?**

15 **Qui s'occupe aujourd'hui de la gestion des épaves ?**

16 **Que font-ils précisément ?**

17 **Quel est leur but ?**

18 **Quels sont les résultats de leur entreprise ?**

19 **Essaie de répondre de mémoire, sans reprendre le texte. Quels sont les objets que coulent les scientifiques pour créer des récifs artificiels ? Donne quatre réponses.**

20 **Quand et où a débuté cette méthode de l'immersion des « déchets » ?**

21 **Dans quelles zones marines françaises ce procédé a-t-il été déjà adopté ? Donne trois réponses.**

22 **À quoi ces récifs artificiels ressemblent-ils ?** ....

À toi d'écrire

23 **Compose un texte de cinq lignes environ qui se terminera ainsi : « Ils contribuent plutôt à sa bonne santé ! »**

24 **Tu écris une lettre à un(e) ami(e). Dans cette lettre tu lui expliques ce que sont les récifs artificiels. De quoi sont-ils formés ? Qui en a eu l'initiative ? Quel est leur rôle ?**

25 **Rédige une description de six lignes environ dans laquelle apparaîtront les mots suivants.**

épave – navire – la vie sous-marine

26 **Compose la description d'un jardin luxuriant en six lignes environ.**

Rédaction

Rappel

• Quand on veut fournir des informations sur un sujet quelconque, il faut être clair, précis et complet.

• Quand les chiffres sont parlants, présentent de l'intérêt, il faut les communiquer. Par exemple, dans le texte : 1980, année de mise en place des premiers récifs artificiels.

• Compose une rédaction.

La mer.

• Conseils pour t'aider.

1. Ce type de sujet composé d'un seul mot n'est pas fréquemment donné, mais il existe. Il rappelle par certains aspects le « texte libre » : tu écris ce que tu veux sur le thème de ton choix.

2. Tu as la possibilité de t'organiser comme tu le souhaites pourvu, bien évidemment, que tu respectes le thème : la mer.

3. Ton expression écrite devra, d'un point de vue formel, obéir aux mêmes règles que les autres devoirs :
   – vocabulaire précis et approprié ;
   – vocabulaire varié (éviter les répétitions) ;
   – phrases courtes et simples.

4. Le style pourra être descriptif, informatif, lyrique.

5. Si tu as des difficultés à bâtir ton devoir et à le commencer, pose-toi des questions de ce genre : « est-ce que j'aime la mer ? », « quelles activités peut-on pratiquer au bord de la mer, sur la mer, etc. ? »

Répertoire

Recopie les mots suivants et leur définition dans ton répertoire.

des épaves
un récif artificiel
la vie sous-marine
une niche écologique

10 Description poétique

Lis bien le texte

À Sainte-Agathe

Une longue maison rouge, avec cinq portes vitrées, sous des vignes vierges, à l'extrémité du bourg ; une cour immense avec préaux et buanderie, qui ouvrait en avant sur le village par un grand portail ; sur le côté nord, la route où donnait une petite grille et qui menait vers La Gare, à trois kilomètres ; au sud et par derrière, des champs, des jardins et des prés qui rejoignaient les faubourgs... tel est le plan sommaire de cette demeure où s'écoulèrent les jours les plus tourmentés et les plus chers de ma vie – demeure d'où partirent et où revinrent se briser, comme des vagues sur un rocher désert, nos aventures.

Le hasard des « changements », une décision d'inspecteur ou de préfet nous avaient conduits là. Vers la fin des vacances, il y a bien longtemps, une voiture de paysan, qui précédait notre ménage, nous avait déposés, ma mère et moi, devant la petite grille rouillée. Des gamins qui volaient des pêches dans le jardin s'étaient enfuis silencieusement par les trous de la haie... Ma mère, que nous appelions Millie, et qui était bien la ménagère la plus méthodique que j'aie jamais connue, était entrée aussitôt dans les pièces remplies de paille poussiéreuse, et tout de suite elle avait constaté avec désespoir, comme à chaque « déplacement », que nos meubles ne tiendraient jamais dans une maison si mal construite... Elle était sortie pour me confier sa détresse. Tout en me parlant, elle avait essuyé doucement avec son mouchoir ma figure d'enfant noircie par le voyage. Puis elle était rentrée faire le compte de toutes les ouvertures qu'il allait falloir condamner pour rendre le logement habitable... Quant à moi, coiffé d'un grand chapeau de paille à rubans, j'étais resté là, sur le gravier de cette cour étrangère, à attendre, à fureter petitement autour du puits et sous le hangar.

Alain-Fournier, *Le Grand Meaulnes*, Fayard, 1913.

Retiens bien

- Une description peut évoquer des lieux que l'on a connus autrefois.
- À la description proprement dite s'attachent alors des sentiments, des émotions, une nostalgie qui rendent la description encore plus touchante.

Observe le texte

1 **Cet extrait comporte deux grandes parties.**

a. lignes 1 à 8 : ....

b. lignes 9 à 23 : ....

Donne un titre à chacune de ces deux parties et précise s'il s'agit d'un récit, d'une description ou d'un mélange des deux genres.

2 **Relève deux indications précises du texte qui permettent au lecteur de formuler une hypothèse sur le genre particulier de la demeure qui est décrite et qui n'est pas une maison comme les autres. L'une de ces indications est descriptive, l'autre indication est un renseignement.**

3 **Quelle est la profession des parents du narrateur ?** ....

4 **Relève quatre indications du texte qui te permettent de situer approximativement l'époque à laquelle se déroule l'action.**

5 **Parmi les titres proposés ci-dessous, souligne ceux qui conviennent pour le texte.**

Déménagement	Installation	Découvertes
L'évasion	Mon futur domaine	Souvenirs
Magies de la nostalgie	Première visite	Mon école

6 **Qui sont les personnages présents dans le texte et qui jouent un rôle important ? Nomme-les, et dis l'essentiel de ce qui caractérise chacun d'eux ; rédige soigneusement tes phrases.**

7 **Quels sont les sentiments de Millie à l'égard de son fils ? Relève deux indications fournies par le texte.**

8 **Comment Millie considère-t-elle son fils ? Reprends tes réponses à la question 7 et formule-les avec précision en soignant ton style.**

Comprends le texte

9 **Donne le sens des mots et expressions suivants.**

a. à l'extrémité du bourg : ....

b. les faubourgs : ....

c. le plan sommaire : ....

d. méthodique : ....

10 **Emploie le mot « détresse » dans une phrase qui mettra son sens en valeur.**

11 **Dresse le champ sémantique* du verbe « condamner ».**

12 **Donne un maximum de synonymes* du verbe « fureter ».**

Analyse le texte

13 **Quelle est la situation géographique précise de la demeure ?**

Fournis une réponse qui sera la plus complète possible. Le texte te donne cinq indications. Relève-les.

14 **Quelle place tient cette habitation dans le cœur du narrateur ?**

15 **La demeure décrite dans le texte se situe à la fois à la campagne, à la fois dans une ville. Recopie le tableau suivant et complète-le en inscrivant les détails qui se rapportent tantôt à la ville, tantôt à la campagne.**

La ville	La campagne

16 **Relis les indications que tu as portées dans le tableau et rédige la réponse à la question suivante : l'école est-elle située plutôt à la ville ou à la campagne ? Comment peux-tu expliquer cette situation particulière ?**

À toi d'écrire

17 **Situe géographiquement ta maison ou ton appartement par rapport à des points importants : des villes, des villages, des montagnes, une côte, des rues, des monuments, des lieux publics, etc. Compose ton texte comme s'il devait fournir un itinéraire à un visiteur qui ne connaîtrait pas l'endroit où tu demeures.**
(Le nombre de lignes à consacrer à cet exercice est variable en fonction de l'endroit où tu habites…)

Rédaction

Rappel

• La description d'un lieu où l'on vit (un appartement dans un immeuble, une petite maison dans un lotissement, une ferme) doit fournir d'abord des informations précises sur la situation géographique de la demeure. Qu'y a-t-il d'important autour : au nord, au sud, à l'est, à l'ouest ?

• Elle fournit également des détails particuliers qui ont marqué celui qui décrit les lieux : la végétation, le voisinage, le paysage environnant, etc.

• Compose une rédaction.

Le décor est planté : l'école dans laquelle a vécu le narrateur. L'école, en effet, a été l'unique lieu de vie de son enfance et de son adolescence. Sa maison jouxtait les bâtiments scolaires proprement dits, où ses parents enseignaient et où il était scolarisé. Dans ce décor, que va-t-il se passer ?

• Conseils pour t'aider.

1. N'hésite pas à relire le texte pour t'imprégner de son style, de son ambiance particulière.
2. Le narrateur, gagné par un certain ennui, est dans une situation d'attente, ce que précise la dernière phrase du texte.
3. Cependant quelque chose ou quelqu'un va venir réveiller et animer ce décor endormi. Appuie-toi sur les expressions du texte d'Alain-Fournier : « les jours les plus tourmentés et les plus chers de ma vie » et « demeure d'où partirent et où revinrent se briser, comme des vagues sur un rocher désert, nos aventures ».

Répertoire

Recopie les mots suivants et leur définition dans ton répertoire.

les faubourgs — une demeure — la détresse

Évaluation

Récréa-jeux

Voici dix questions portant sur les cinq extraits que tu as étudiés dans ce chapitre ou sur les exercices que tu as effectués à la suite de ces extraits.

1. Réponds à chacune de ces questions.

2. Contrôle l'exactitude de tes réponses en te reportant au corrigé pages 112 et 113.

3. Note-toi : un point par réponse exacte.

4. Corrige et complète tes réponses à l'aide des explications et des corrigés pages 112 et 113.

1 Tu as étudié dans ce chapitre un texte qui n'est pas extrait d'un roman, mais d'un hebdomadaire. Quel est le titre de ce texte ? De quel hebdomadaire s'agit-il ?

....

2 Le narrateur de « Boutiques et... boutiques » a un commerce. De quel commerce s'agit-il ? Dans quel pays ? ....

3 Quelle est la particularité du village de pêcheurs qu'atteint le narrateur dans l'extrait *Dieu est né en exil* ? ....

4 Qu'est-ce qu'un « récif artificiel » ? ....

5 Qui le narrateur de *En route pour Malicroix* rencontre-t-il à l'entrée de son domaine ?

....

6 À quel vocabulaire particulier appartiennent en général les verbes « débarquer » et « tanguer » ?

....

7 Qu'est-ce qu'un bourg ? ....

8 Quelles remarques peux-tu faire sur le mot « frigo » ? ....

....

9 Quelle est la profession des parents du narrateur dans le texte « À Sainte-Agathe » ?

....

10 Quel est le contraire de l'adjectif « prospère » ? ....

Jeux

1. Réponds à chaque question.

2. Contrôle ta réponse en te reportant aux corrigés pages 112 et 113.

3. Chaque réponse exacte te rapporte deux points.

Des titres à retrouver

À l'aide des séries d'indices qui te sont fournis, retrouve le titre de chacun des textes que tu as étudiés. Si tu ne trouves pas la première série, passe aux suivantes. Par élimination, tu trouveras les bonnes réponses.

1 l'adolescence, la nostalgie, les regrets, la vie à la campagne

....

2 les épaves, les flots bleus, les niches écologiques

....

3 une école, un emménagement, un bourg, des vignes vierges

....

4 des huttes, un rivage, un lac d'eau douce, des barques immobiles, la plage

....

5 œufs, volailles, pâtes, vins, alcools, fromages, jambons

....

Des indices à identifier

Tous les éléments de chacune des séries fournissent un seul indice à nommer (un seul mot). Lequel ? Procède comme pour l'exercice précédent.

Exemples :

a. les pièces remplies de la paille du déménagement b. coiffé d'un grand chapeau de paille à rubans c. autour du puits (dont on se servait alors quotidiennement)
***Idée :* c'était autrefois (ce n'est pas contemporain).**

a. des montagnes de fromages et de jambons b. des sacs de raviolis c. des pyramides de nourriture
***Idée :* l'abondance, la grande quantité.**

6 a. le silence b. l'ombre c. le calme ....

7 a. bâchée de noir b. une muraille bleuâtre c. la terre devenait grisâtre..............................

8 a. la route b. les faubourgs c. la cour..

Le portrait

Qu'est-ce qu'un portrait ?

On appelle portrait, la description d'une personne ou d'un être animé. Un portrait représente une personne le plus fidèlement possible, à la manière du portrait dans deux autres domaines artistiques : la peinture et la photographie.

Comment faire un portrait ?

Pour qu'un portrait soit intéressant, il faut qu'il donne au lecteur une impression de vie. C'est pourquoi les petits détails caractéristiques et les anecdotes sont toujours les bienvenus de manière à éviter les portraits plats et les clichés qui n'individualisent pas réellement les personnes.

Exemple de clichés : **les souhaits de la reine**

Je voudrais avoir une petite fille qui aurait le teint blanc comme de la neige, des cheveux noirs comme de l'ébène et des lèvres rouges comme le sang.

J. et W. Grimm, *Blanche-Neige et les sept nains*, 1812.

Dans le même genre, il faut éviter : maigre comme un clou, blonde comme les blés, frisé comme un mouton, etc.

Les différentes types de portraits

1 Le portrait physique

Il s'attache à décrire tout ce qui est visible, apparent, extérieur : la silhouette, l'allure, la stature, la dégaine, mais aussi le visage, le corps, l'habillement, la tenue.

Il peut se borner à donner une simple impression générale.

Exemple : **agression à Concarneau**

La porte de l'hôtel de l'Amiral s'ouvre. Un homme paraît, qui continue à parler un instant par l'entrebâillement à des gens restés à l'intérieur. La tempête le happe, agite les pans de son manteau, soulève son chapeau melon qu'il rattrape à temps et qu'il maintient sur sa tête tout en marchant.

Même de loin, on sent qu'il est tout guilleret, mal assuré sur ses jambes et qu'il fredonne. Le douanier le suit des yeux, sourit quand l'homme se met en tête d'allumer un cigare. Car c'est une lutte comique qui commence entre l'ivrogne, son manteau que le vent veut lui arracher et son chapeau qui fuit le long du trottoir. Dix allumettes s'éteignent.

Georges Simenon, *Le Chien jaune*, Fayard, 1936.

2 Le portrait moral

Il présente d'un individu tout ce qui n'est pas visible à l'œil nu : ses qualités, ses défauts, ses goûts, ses habitudes. Il fait part de tout ce qui a trait à la vie intérieure et privée d'une personne.

Exemple 1 : un adorable neveu

Elle le trouva singulier, spirituel, fort sérieux, mais joli garçon et ne déparant point trop le salon d'une femme à la mode ; du reste ignorant à plaisir, et sachant à peine écrire.

Stendhal, *La Chartreuse de Parme*, 1839 (Fabrice Del Dongo vu par la comtesse Pietranera).

Exemple 2 : un individu redoutable

[…] tant malgré son air bonhomme, il imprimait de crainte par un certain regard profond et plein de résolution. À la manière dont il lançait un jet de salive, il annonçait un sang-froid imperturbable qui ne devait pas le faire reculer devant un crime pour sortir d'une position équivoque. Comme un juge sévère, son œil semblait aller au fond de toutes les questions, de toutes les consciences, de tous les sentiments.

Honoré de Balzac, *Le Père Goriot*, 1835.

3 Le portrait en action

Au lieu d'être statique et figé, il présente le personnage en train d'agir. S'il est dans un groupe (portrait de groupe), le personnage est également éclairé par les sentiments que lui portent les autres membres du groupe.

Exemple : Meaulnes

Assis sur un pupitre, en balançant les jambes, Meaulnes réfléchissait. Aux bons moments, il riait aussi, mais doucement, comme s'il eût réservé ses éclats de rire pour quelque meilleure histoire, connue de lui seul. Puis, à la nuit tombante, lorsque la lueur des carreaux de la classe n'éclairait plus le groupe confus des jeunes gens, Meaulnes se levait soudain et, traversant le cercle pressé :

– Allons, en route ! criait-il.

Alors tous le suivaient et l'on entendait leurs cris jusqu'à la nuit noire, dans le haut du bourg...

Alain-Fournier, *Le Grand Meaulnes*, Fayard, 1913.

11 Portrait d'un solitaire

Lis bien le texte

Cornélius de Malicroix

De mon grand-oncle Malicroix je n'attendais rien. D'ailleurs, jamais personne n'avait rien attendu de lui. Nul ne l'avait rencontré depuis un demi-siècle. Terré en Camargue sur ses maigres terres, il incarnait pour nous la sauvagerie même. Ni bon, ni méchant, mais seul ; c'est-à-dire inquiétant et peut-être terrible. Toutefois, séparés de lui par ce demi-siècle d'absence sans rupture, nous n'avions jamais éprouvé la malfaisance de ces qualités redoutables dont notre imagination le parait. Il nous ignorait avec une sorte de mépris. Très magnifiquement il s'appelait Cornélius de Malicroix, et il était pauvre. Du moins on le disait. Son train de vie au milieu des étangs, en compagnie de quelques pâtres aussi durs et aussi sauvages que lui, pouvait le laisser croire, et on le croyait ; car riche, eût-il vécu de cette vie farouche, et chichement, dans ce pays de la tristesse ? Personne ne le pensait. Nous sommes en effet des gens de terre grasse, qui attachent à quelque aisance une valeur morale. Si le grand-oncle Malicroix s'était retiré au désert, sa retraite, à nos yeux, lui avait été inspirée par l'orgueil. Il cachait sa misère. C'est dire qu'on ne l'aimait pas.

Moi cependant je l'admirais. J'en savais peu de chose, car on n'en parlait guère, et plus par allusions ironiques et sourdes que clairement. Mais son nom et le pays rude où il vivait, cet orgueil dont on le parait involontairement, donnaient de la grandeur à sa figure.

Henri Bosco, *Malicroix*, Gallimard, 1973.

Retiens bien

- Quand un portrait s'attache à présenter les qualités, les défauts, les grands traits de caractère d'un personnage, c'est un portrait moral.

Observe le texte

1 **Quel rapport de parenté y a-t-il entre le narrateur et l'homme dont il fait le portrait ?**

....

2 **Quel type de rapport affectif le narrateur et le reste de sa famille entretiennent-ils avec Cornélius de Malicroix ?**

3 **Rédige un paragraphe d'environ cinq lignes dans lequel tu exprimeras tout ce que suggère pour toi le nom de Cornélius de Malicroix.**

4 **Dans quelle région vivait Cornélius ?** ....

5 **Qu'est-ce qui oppose le narrateur au reste de sa famille ? Quelle phrase l'indique ?**

....

Comprends le texte

6 **Que signifie l'expression « attendre quelque chose de quelqu'un » ?**

7 **Donne le sens des expressions suivantes en rédigeant tes réponses.**

a. terré [...] sur ses maigres terres

b. il incarnait pour nous la sauvagerie même

c. ces qualités redoutables dont notre imagination le parait

8 **Soit l'expression « le train de vie » d'une personne.**

a. Que signifie-t-elle ?

b. Cite des éléments de train de vie.

c. Quels adjectifs peuvent qualifier le train de vie d'une personne très riche ?

9 **Pour chacune des expressions suivantes, donne une expression synonyme*.**

a. vivre chichement : ....

b. une vie farouche : ....

c. la terre grasse : ....

10 **Pour chacune des expressions suivantes inscris une expression antonyme*.**

a. vivre chichement : ....

b. des maigres terres : ....

c. un pays rude : ....

11 **Classe les mots suivants en deux colonnes et indique ce qui t'a conduit à les assembler de cette façon.**

la terre – la sauvagerie – l'absence – l'étang – la retraite – le mépris

Analyse le texte

12 **Un grand-oncle mystérieux.**

Recopie et remplis cette fiche signalétique qui te permettra de faire mieux connaissance avec cet homme peu commun.

Remarque **: tu trouveras certaines réponses en toutes lettres dans le texte. Tu en déduiras d'autres d'après les indications qui te sont fournies.**

Nom : ....

Prénom : ....

Âge : ....

Adresse : ....

Profession : ....

Train de vie : ....

Situation de famille : ....

Grands traits de caractère : ....

13 **Quelle est l'attitude de Cornélius à l'égard de sa famille ?**

14 **Quelle est l'attitude de la famille à l'égard de Malicroix ?**

15 **Quelle est l'attitude du narrateur à l'égard de son grand-oncle ? Comment l'expliques-tu ?**

16 **Un même personnage peut être perçu différemment par ceux qui l'entourent. Ainsi, le narrateur n'a pas de Cornélius la même impression que les autres membres de sa famille. Remplis le tableau suivant pour t'en convaincre.**

Cornélius vu par la famille en général	Cornélius vu par le narrateur

Rédaction

Rappel

• Faire le portrait moral d'une personne, c'est fournir des indications sur son genre de vie, ses habitudes, son type d'existence.

Ici, dans le texte d'Henri Bosco, le narrateur donne des renseignements sur le train de vie de Cornélius de Malicroix, ses occupations quotidiennes au fil des années.

• Le portrait d'une personne peut aussi être éclairé par les relations qu'elle entretient avec les autres et celles que les autres entretiennent avec elle.

Le lecteur est ainsi informé sur la personnalité de Cornélius par l'attitude générale de sa famille à son égard, et celle en particulier de son neveu.

• Compose une rédaction.

Imagine une journée habituelle de la vie de Cornélius de Malicroix.

• Conseils pour t'aider.

1. Tu dois avoir bien compris le texte avant de commencer ton devoir.
2. Relis l'extrait du texte d'Henri Bosco en prenant en note ce qui te paraît important.

Exemples :
– il vit « terré » en Camargue ;
– ses terres sont maigres ;
– il incarne la sauvagerie pour sa famille,
c'est un solitaire, un sauvage, etc.

Répertoire

Recopie les mots suivants et leur définition dans ton répertoire.

redoutables — magnifiquement — farouche

12 Portrait de groupe

Lis bien le texte

Les jumeaux

Le pékinois, comme toujours, parut le premier : c'était un petit chien ventripotent, fort imbu de lui-même, avec une délicieuse fourrure blanche comme de la neige, un collier et une laisse de cuir écarlate, qui haletait et s'agitait dans un état chronique de précipitation. À l'autre bout de la laisse s'accrochaient les jumeaux, âgés de cinq ans environ. Ils étaient ravissants, et Sally, qui n'avait pas encore grande expérience des enfants de cet âge, aurait donné tout ce qu'elle possédait pour être leur mère.
Tous deux avaient des cheveux noirs et bouclés – ceux de la fillette coupés court comme ceux de son frère –, des yeux foncés et de petits corps souples et fermes. Le garçon était râblé avec un teint coloré, un regard des plus malicieux et un sourire effronté. Les joues de la petite fille se teintaient à peine de rose, mais son regard était tout aussi malicieux. Ils étaient habillés de façon exquise, avec des blouses à smocks, des chandails couleur de miel, de jade ou de cerise, une jupe plissée et une culotte noisette ou bleu turquoise. Une tendresse attentive paraissait toujours les avoir soigneusement examinés avant leur départ, car ils n'avaient jamais ni bouton défait ni jupon qui dépassât.

Elizabeth Goudge, *L'Auberge du pèlerin*,
traduit de l'anglais par Yvonne Girault, Plon, 1948.

Retiens bien

- Quand un portrait ne s'attache pas à présenter une seule personne, mais plusieurs, il s'agit d'un portrait de groupe.
- Un portrait de groupe peut naturellement aussi être un portrait physique, moral et en action.

Observe le texte

1 **Quel est le mouvement de l'extrait ?** ....

2 **Ce texte présente trois portraits. Quels sont-ils ?** ....

3 **Qui fait ces trois portraits ?** ....

Comprends le texte

4 **Que désigne le mot « pékinois » (ligne 1) ? (Réponds en rédigeant ta phrase.)**

5 **Que désignerait le mot « Pékinois » avec une majuscule ?**

6 **Rédige avec tes propres mots la définition des mots suivants, en t'aidant éventuellement du dictionnaire.**

a. ventripotent b. râblé c. ravissant

7 **Explique chacune des expressions suivantes.**

a. fort imbu de lui-même : ....

b. un état chronique de précipitation : ....

c. de façon exquise : ....

8 **Emploie les adjectifs suivants dans une phrase qui mettra leur sens en valeur.**

a. effronté b. malicieux

9 **Quel est le point commun entre les trois mots suivants ? Réfléchis et rédige une réponse.**

délicieux – ravissant – exquis.

10 **Quelle est la figure de style employée dans l'expression « une délicieuse fourrure blanche comme de la neige » ?** ....

11 **Soit la phrase « À l'autre bout de la laisse s'accrochaient les jumeaux, âgés de cinq ans environ ».**

a. Quelle est la construction particulière de cette phrase ?

b. Quel est l'effet produit par cette construction ?

12 **Dresse la liste des mots désignant une couleur qui apparaissent dans le texte. Classe ces mots selon qu'ils indiquent :**

a. une notation de couleur à l'état pur (exemple : « blanche »)

b. une notation de couleur exprimée d'une autre manière (exemple : « écarlate » ou « cerise »)

Analyse le texte

13 **Précise tout ce que t'apprend le texte sur la personne qui compose ce tableau de trois portraits.**

a. Quel est son prénom ? ....

b. Quel type de rapport entretient-elle avec les enfants ?
(Formule de prudentes hypothèses.)

14 **Quels sentiments les enfants inspirent-ils à Sally ?** ....

15 **LE PÉKINOIS**

a. Remplis ce tableau :

Traits physiques	Traits de caractère

b. Quelle est la caractéristique principale de son comportement ? ....

16 **LES JUMEAUX**

a. Quel âge ont-ils ? ....

b. Quel adjectif résume l'impression d'ensemble qu'ils donnent ? ....

c. Étudie leurs traits physiques en remplissant ce tableau :

Traits communs	Traits particuliers

d. Quelle explication est avancée pour expliquer leur parfaite élégance ?

À toi d'écrire

17 **Emploie dans une phrase l'expression suivante : « ils étaient ravissants ».**

Rédaction

Rappel

- Un portrait physique complet comporte des détails concernant :
– l'apparence extérieure, l'allure générale du personnage (exemple : « ravissants ») ;
– sa tenue vestimentaire (type de vêtement : chandail, jupe plissée ; couleur des vêtements : couleur de miel, de jade ou de cerise) ;
– son visage (« yeux foncés », « sourire effronté ») ;
– sa silhouette (« petit corps souple et ferme ») ;
– l'effet que produit le personnage sur celui qui le voit, le peint, le décrit.

• Compose une rédaction.

Compose le portrait d'une personne de ton choix (adulte ou enfant) qui respectera l'ordre suivant :

– la silhouette, l'allure générale ;
– le visage ;
– le corps ;
– la tenue vestimentaire.

• Conseils pour t'aider.

1. Pour être vivant, donc réussi, ton portrait devra préciser ou laisser supposer les grands traits de caractère de la personne que tu dépeins.

2. N'hésite donc pas à qualifier les traits que tu présentes (le sourire peut être par exemple « triste », « malicieux », « charmeur » ; le regard peut être « vif », « malin », « pétillant » ou au contraire « bovin », « lourd », « vide » ; le teint peut être « brouillé », « terne », « pâle », « rubicond », « couperosé, « lumineux », « frais », « éclatant »).

Répertoire

Recopie les mots suivants et leur définition dans ton répertoire.

imbu de soi-même	chronique	ravissant
malicieux	exquis	la tendresse

13 Portrait subjectif

Lis bien le texte

Grand-mère

Midi sonnait. Grand-mère m'appelait, penchée sur la grille de la terrasse ou la tête levée dans l'escalier à colonnes. Je surgissais du jardin ou je dégringolais du grenier. Grand-mère avait déjà mangé, toute seule, dans sa cuisine, vers onze heures du matin. Ma table était mise. Je m'installais. Grand-mère s'asseyait, dans un fauteuil, à côté de moi, sans rien dire. Tout en mangeant, je lui racontais mes histoires, ce que j'avais fait, ce que faisaient mes parents, ce que je voulais faire moi-même, ce que je voulais devenir. Elle ne me contredisait jamais, et, jamais, ne portait la main sur mes rêves, mes projets et mes illusions.

On a toujours dit, dans la famille, que j'étais son préféré. Je crois plutôt qu'elle me savait malheureux et souvent humilié. Elle essayait de corriger le destin. Tout enfant, elle m'a traité comme un grand garçon ; grand garçon, elle m'a traité comme un homme. La richesse et la pauvreté n'avaient plus de sens, auprès d'elle. Elle n'a jamais dit un mot contre mon père, devant moi, même quand elle souffrait en voyant souffrir ma mère. Elle mesurait les êtres à d'autres mesures que celles de la réussite et du succès. Elle a su panser mes blessures, sans y mettre les doigts dessus, sans même paraître les voir et je lui dois de ne pas en avoir gardé de cicatrices.

Elle m'a toujours laissé libre, d'une liberté totale. Elle me demandait seulement de l'accompagner quelquefois chez ses amies, mais, chez Mme Vidal, chez Hermance ou chez Léontine, j'étais aussi libre que chez elle. Ces vieilles dames m'abandonnaient à mes rêves, à mes imaginations, à mes découvertes... Les enfants et les vieillards sont faits pour s'entendre. Ils vivent dans des mondes séparés, trop lointains pour se porter ombre.

André Chamson, *Le Chiffre de nos jours*, Gallimard,
© Frédérique Hébrard, 1954.

Retiens bien

• La manière dont un narrateur parle d'un personnage mais aussi les sentiments qu'il éprouve à l'égard de ce personnage permettent d'en proposer un portrait complet.

Observe le texte

1 Qui est le narrateur ? ....

2 De quelle personne le narrateur fait-il le portrait ? ....

3 Combien de paragraphes ce texte comporte-t-il ? ....

4 Donne un titre à chacun de ces paragraphes.

5 Résumé chacun de ces paragraphes en deux ou trois phrases soigneusement rédigées.

Comprends le texte

6 En quelques phrases, décris ce que sont :

a. une terrasse b. un jardin c. un grenier

Tu ne dois pas employer dans les textes les mots que tu vas décrire, mais ton texte doit être si précis qu'en le lisant ton lecteur n'aura aucun doute sur ce que tu as voulu présenter.

7 « Je surgissais du jardin ou je dégringolais du grenier. » (ligne 2)

a. Pourquoi l'auteur a-t-il employé les verbes « surgir » et « dégringoler » ? Quelle idée ces verbes rendent-ils ?

b. Quels verbes auraient pu rendre plus platement les mouvements accomplis ?

8 « … mes rêves, mes projets et mes illusions » (ligne 8)

a. À quelle catégorie de noms appartiennent ces trois mots ? ....

b. À quel domaine se rattachent-ils tous les trois ? ....

c. Quelle énumération vient en écho à cette énumération dans la suite du texte ?

....

9 Comment appelle-t-on :

a. quelqu'un qui rêve éveillé ? ....

b. quelqu'un qui se berce d'illusions ? ....

c. une personne qui n'en contredit jamais une autre ? ....

d. quelqu'un qui parle peu ? ....

e. quelqu'un qui parle beaucoup ? ....

10 Donne un antonyme* de chacun des mots suivants (un nom ou une expression).

a. seul.................. b. la richesse..................

11 **Complète le tableau suivant, toutes les fois que c'est possible.**

Nom	Adjectif	Verbe
	seul	
le rêve		
le projet		
	riche	
la blessure		
		enrichir

12 **À quel champ lexical* appartiennent les trois mots suivants.**

a. blessure b. cicatrice c. souffrance

13 **Cite un homonyme* du verbe « panser » (« panser mes blessures ») et emploie-le dans une courte phrase qui mettra son sens en valeur.**

....

Analyse le texte

14 **L'ENFANT**

a. Quelle est sa situation familiale ? ....

b. Quel drame familial vit-il ? ....

c. Comment réagit-il dans ce qu'il fait (dans ses actes), dans ce qu'il pense et ressent (dans sa vie intérieure) ? ....

....

d. Comment juge-t-il sa grand-mère ? ....

e. Quels sentiments lui porte-t-il ? ....

15 **LA GRAND-MÈRE**

a. Comment expliques-tu qu'elle ne déjeune pas en même temps que son petit-fils ? (Énumère toutes les hypothèses possibles.)

b. Quelles sont ses principales qualités ? Nomme-les par des termes abstraits*.

À toi d'écrire

16 **« Mes rêves, mes projets et mes illusions »**

Présente-les avec sincérité dans un paragraphe d'une dizaine de lignes.

Rédaction

Rappel

• Quand un portrait s'attache à présenter les qualités, les défauts, les goûts, les habitudes de vie, le comportement d'une personne, c'est un portrait moral.

• Un portrait moral nous renseigne sur la vie intérieure de cette personne et non plus (seulement) sur son physique, son apparence extérieure.

• Ici nous n'apprenons absolument rien sur le physique de la grand-mère du narrateur, en revanche nous avons une certaine idée de son caractère.

• Pour présenter le caractère d'un personnage, on peut :

– indiquer une qualité ou un défaut ;

***Exemples :* Ma grand-mère était très bavarde / taciturne / élégante.**

– présenter cette qualité ou ce défaut en situation.

***Exemple :* « Grand-mère s'asseyait, dans un fauteuil, à côté de moi, sans rien dire. »**

• Compose une rédaction.

« Les enfants et les vieillards sont faits pour s'entendre. »

Discute cette affirmation à la lumière de ton expérience personnelle.

• Conseils pour t'aider.

1. Ce sujet est un peu différent de ceux que tu as l'habitude de traiter. Il demande que tu fasses un effort de réflexion et non plus d'imagination.

2. Attention : ne te méprends pas sur le terme « vieillard » ; il désigne tout simplement des personnes d'un certain âge, de l'âge de tes grands-parents, par exemple.

Répertoire

Recopie les mots suivants et leur définition dans ton répertoire.

malheureux	la réussite	le destin
humilié	le succès	la liberté

14 Portrait en action

Lis bien le texte

Un paysan ?

C'était durant l'été de 1793. Une nombreuse et florissante jeunesse se pressait à Châlons-sur-Marne, dans une des salles de l'École d'artillerie.

Le célèbre La Place y faisait, au nom du gouvernement, l'examen de cent quatre-vingts candidats au grade d'élève sous-lieutenant. La porte s'ouvre. On vit entrer une sorte de paysan, petit de taille, l'air ingénu, de gros souliers aux pieds, et un bâton à la main.

Un rire universel accueille le nouveau venu. L'examinateur lui fait remarquer ce qu'il crut être une méprise ; et sur sa réponse qu'il vient subir l'examen, il lui permet de s'asseoir. On attendait avec impatience le tour du petit paysan. Il vient enfin. Dès les premières questions, La Place reconnaît une fermeté d'esprit qui le surprend. Il pousse l'examen au-delà de ses limites naturelles : les réponses sont toujours claires, précises, marquées au coin d'une intelligence qui sait et qui sent. La Place est touché ; il embrasse le jeune homme et lui annonce qu'il est le premier de la promotion ; l'école se lève tout entière, et accompagne en triomphe dans la ville le fils du boulanger de Nancy, le général Drouot.

Vingt ans après, La Place disait à l'Empereur : « Un des plus beaux examens que j'ai vu passer dans ma vie, est celui de votre aide de camp, le jeune Drouot. »

Henri-Dominique Lacordaire, *Oraison funèbre du général Drouot*, 1847.

Retiens bien

• Ce texte, qui présente le portrait du général Drouot jeune homme, est aussi un récit : celui de l'oral d'un examen. C'est un portrait en action.

• L'auteur y brosse également le portrait d'un groupe : celui de l'auditoire, qui, par ses réactions et ses commentaires, éclaire d'un jour nouveau le personnage.

Observe le texte

1 **Recherche des informations sur chacun des noms suivants et recopies-en l'essentiel en soignant la clarté de ton style.**

a. Châlons-sur-Marne	b. La Place

2 **L'ÉPOQUE DE L'ACTION**

a. Au début du texte, à quelle époque se déroule l'action ? ....

b. Le même événement est relaté plus tard par La Place.

• Combien d'années plus tard ? ....

• À qui est raconté cet épisode de la vie de Drouot ? ....

3 **LES PERSONNAGES**

Fais la liste de tous les personnages ou groupes de personnages qui apparaissent dans le texte. Précise ce que fait chacun d'entre eux, en rédigeant soigneusement ta phrase.

Comprends le texte

4 **Donne un synonyme* de chacun des mots suivants.**

a. célèbre :	b. universel : ....

5 **Complète le tableau suivant toutes les fois que c'est possible.**

Nom	Verbe	Adverbe	Adjectif
l'esprit			
		impatiemment	
			célèbre

6 **Donne un maximum de mots appartenant à la famille* des mots suivants.**

a. été : ....

b. jeunesse : ....

c. nom : ....

d. naturelle : ....

7 **Rédige un court paragraphe qui, sans jamais se référer au nom précis, présentera sous forme d'une devinette, d'un portrait en action en quelque sorte, les personnages suivants.**

a. un boulanger	b. un paysan	c. un aide de camp

8 **Quel est le champ sémantique* du mot « promotion » ?**
Emploie-le dans des phrases qui mettront ses différents sens en valeur.

Analyse le texte

9 LE HÉROS DE L'HISTOIRE

a. Il est désigné de huit manières différentes tout au long de ce texte. Recopie ces huit expressions qui toutes désignent la même personne.

b. Pourquoi, à ton avis, l'auteur a-t-il eu recours à huit expressions différentes pour nous présenter Drouot ? (Donne au moins deux types d'explication.)

10 L'AUDITOIRE ET L'EXAMINATEUR

Au fur et à mesure que le personnage évolue, les réactions de ceux qui l'entourent changent également. Quelles sont-elles ?

11 L'EXAMEN

a. Qui sont les candidats à l'examen ? ....

b. Combien sont-ils ? ....

c. Quel type d'études poursuivront les élèves qui auront été reçus à cet examen ?

....

12 L'EXAMINATEUR

a. Qui fait passer cet examen ? Comment se nomme-t-il ? Quelle est sa particularité la plus importante ?

b. Il procède en deux temps lors de son interrogation du jeune Drouot. Quels sont ces deux temps ?

c. Quel sentiment éprouve-t-il et éprouvera-t-il toujours ? ....

À toi d'écrire

13 Prends le premier paragraphe du texte comme modèle. Dans le même style, imagine en trois à cinq lignes le début d'un récit qui répondra aux questions : qui ? quand ? où ?

14 La métamorphose. Sous forme de vignettes de bande dessinée (dessins et textes), présente le héros du récit dans ses transformations successives :

- **un paysan entrant dans une salle d'examen ;**
- **un jeune homme qui passe brillamment un oral ;**
- **un major de promotion porté en triomphe par ses condisciples ;**
- **l'aide de camp de l'Empereur.**

15 Compose un paragraphe de cinq à six lignes dont le héros sera un groupe : « une nombreuse et florissante jeunesse ». C'est par cette expression que ton texte commencera.

Rédaction

Rappel

• Un portrait n'est pas forcément figé, statique. Il peut évoluer.

• Dans le texte de Lacordaire, le même jeune homme se métamorphose sous les yeux du public et sous les yeux du lecteur. Il est successivement :
– un paysan dont on se moque ;
– un intellectuel que l'on admire ;
– un héros que l'on porte en triomphe.

• Compose une rédaction.

Jacques-Henri et Pierre-Armand font partie de la florissante jeunesse de Châlons-sur-Marne. Ils assistent à l'examen. Fais-les parler.

• Conseils pour t'aider.

1. Relis le texte de Lacordaire pour composer une expression écrite qui soit dans le même ton. Respectes-en les grandes lignes : phrases courtes et simples, vocabulaire précis, temps verbal : le présent.

2. Le dialogue entre les deux jeunes gens sera rapide : ils parlent en même temps que les scènes se déroulent sous leurs yeux.

3. Le mouvement du dialogue respectera celui du texte de Lacordaire :
   – étonnement, méfiance, moquerie ;
   – étonnement, admiration ;
   – étonnement, admiration profonde, acclamations.

4. Prends en considération deux points importants du texte.
   Le contexte : un oral important dans une ambiance mi-mondaine mi-studieuse au XVIIIe siècle.

Répertoire

Recopie les mots suivants et leur définition dans ton répertoire.

florissante	ingénue
une méprise	une promotion

15 Portrait d'un personnage

Lis bien le texte

Balandran

Balandran était plus petit que moi, et maigre ; mais d'une maigreur brune, âpre, toute en cordons nerveux, en muscles nets. Déjà dans l'âge, gris, et de poils broussailleux. Des sourcils énormes ; ils se hérissaient au-dessus du regard, serré au cœur de la prunelle : un point vif et patient d'attention défiante, qui luisait sans faiblir, dans une étonnante immobilité.

Il était vêtu d'un gros gilet de bure. Ses pantalons, taillés dans une étoffe lourde, il les avait serrés avec des lanières de cuir, sur d'énormes souliers à clous.

À la main, il tenait un jonc.

De lui s'exhalait une odeur d'eau, de boue fraîche et de plante mouillée, comme s'il fût sorti de l'eau du fleuve. Cette odeur semblait annoncer non point la présence d'un homme, mais d'un être encore attaché au limon originel. Et cependant l'homme était là, chargé de toutes ses présences, attentif à mes yeux, à mes pieds, à mes mains, à ma stature, avec impassibilité, mais l'œil brillant.

Je lui dis :

– C'est vous Balandran ?

Il me dit :

– C'est moi Balandran, Monsieur Martial.

Henri Bosco, *Malicroix*, Gallimard, 1948.

Retiens bien

Un portrait particulièrement bien réussi est vivant. Ici, le lecteur a le sentiment d'assister à l'entrevue qui lui est décrite. Il a l'impression de voir le personnage, de l'entendre ; il se fait une idée de son caractère et de sa personnalité. Il va jusqu'à éprouver les mêmes sentiments que le narrateur (attirance, répulsion, crainte, curiosité).

Observe le texte

1 **Quel commentaire peux-tu faire sur le nom de l'homme dont le narrateur brosse ici le portrait ?**

a. À ton avis, est-ce son nom de famille (son patronyme), son prénom, son surnom ?

b. Comment est formé ce mot ? ....

2 **Quelle hypothèse peux-tu avancer sur le lien qui unit les deux hommes ? Sur quel indice* précis du texte te fondes-tu ?**

3 **Combien de parties ce texte comporte-t-il ? (Aide-toi des alinéas* pour répondre à la question.)** ....

4 **Donne un titre, le plus court possible, à chaque paragraphe.**

Comprends le texte

5 **Peux-tu affirmer que cet extrait se compose d'une narration ? Quelle que soit ta réponse, justifie-la en la rédigeant.**

6 **Donne le sens des mots suivants en rédigeant une définition à la manière du dictionnaire.**

a. la prunelle : ....

b. l'impassibilité : ....

c. s'exhaler : ....

d. la stature : ....

7 **Explique les expressions suivantes en composant des phrases claires et bien construites.**

a. déjà dans l'âge b. un gilet de bure c. le limon originel

8 **Donne un antonyme* de chacun des mots suivants.**

a. petit : ....

b. nerveux : ....

c. maigre : ....

d. net : ....

9 **Fournis un maximum de mots appartenant à la famille* des mots suivants.**

a. nerveux : ....

b. vif : ....

c. âpre : ....

d. gros : ....

Analyse le texte

10 **Quel plan le narrateur a-t-il suivi pour présenter Balandran ?**

11 **Quels sont les traits physiques les plus marquants de ce personnage ? Réponds par des adjectifs essentiellement.**

12 **Qualifie la tenue vestimentaire et l'allure générale de Balandran. (Attention, prends en considération ces deux détails : Balandran habite la campagne et l'action se déroule au début du xxe siècle).**

13 **Relève tous les détails du texte qui te permettent de brosser un portrait moral de Balandran.**

Détails du texte	Qualités et défauts de Balandran

14 **De quelle manière la première entrevue entre les deux hommes se déroule-t-elle ?**

a. Fournis des adjectifs qualificatifs qui caractériseront l'ambiance de cette entrevue.

....

b. Pour quelle raison Balandran dit-il : « Monsieur Martial » et non pas Martial ?

....

À toi d'écrire

15 **Rédige les cinq lignes qui vont suivre immédiatement cet extrait, en respectant le ton, le style, le vocabulaire, le temps du texte d'Henri Bosco.**

16 **Compose un portrait de ton choix, en dix lignes environ (une statue, une œuvre d'art quelconque), qui comportera la phrase suivante, mise en valeur : « À la main, il tenait un jonc. »**

17 **Rédige un portrait d'une dizaine de lignes. Tu devras y faire apparaître chacune des expressions suivantes dans l'ordre de ton choix :**

a. plus petit que moi

b. une étonnante mobilité

c. l'œil brillant

18 **Raconte ta première entrevue avec une personne de ton choix qui t'a marqué d'un manière ou d'une autre : parce que l'entrevue s'est bien passée, parce qu'elle s'est mal passée, etc. Tu insisteras sur la première impression que tu as eue et sur les premiers sentiments que tu as éprouvés.**

Rédaction

Rappel

• Un portrait est toujours organisé. Une des techniques pour élaborer le plan d'un portrait consiste à faire découvrir le personnage dont on veut faire le portrait par le narrateur.

• Viennent alors des indications générales (taille, corpulence, âge), suivies d'indications plus précises (sourcils, regard), puis d'indications à nouveau plus générales (tenue vestimentaire, attitude).

• Les particularités de chaque individu sont importantes à noter car elles contribuent à le caractériser (« De lui s'exhalait une odeur d'eau, de boue fraîche et de plante mouillée, comme s'il fût sorti de l'eau du fleuve. »).

• Compose une rédaction.

Qui est Balandran ? Présentation d'un personnage.

• Conseils pour t'aider.

1. Plus un sujet est « large », plus tu dois être rigoureux dans l'élaboration de ton plan.
2. Relis le texte et note soigneusement tous les indices que tu pourras exploiter pour te faire une idée de la vie de Balandran.
3. Voici une suggestion concernant les différentes parties de ton devoir :
   – un bref rappel du physique de Balandran ;
   – le portrait moral : qualités et défauts de cet homme ?
   – le genre de vie de Balandran : son métier ? où vit-il ? ses loisirs ? ses amis (s'il en a) ? est-il sympathique ?

Répertoire

Recopie les mots suivants et leur définition dans ton répertoire.

patient	calme	impassible
attentif	serein	taciturne

Évaluation

Récréa-jeux

Voici dix questions portant sur les cinq extraits que tu as étudiés dans ce chapitre ou sur les exercices que tu as effectués à la suite de ces extraits.

1. Réponds à chacune de ces questions.

2. Relis tes réponses et améliore-les toutes les fois que tu le jugeras utile.

3. Contrôle l'exactitude de tes réponses en te reportant aux corrigés de la page 118.

4. Note-toi : un point par réponse exacte.

5. Corrige et complète tes réponses à l'aide des explications et des corrigés de la page 118.

1 Qu'attendait le narrateur de son grand-oncle Malicroix ? ....

2 Que reçoit le narrateur de son grand-oncle Malicroix ? ....

3 Qu'est-ce qu'un « pékinois » ? ....

4 Quel est le titre de l'extrait qui se termine par les phrases suivantes : « Les enfants et les vieillards sont faits pour s'entendre. Ils vivent dans des mondes séparés, trop lointains pour se porter ombre » ?

....

5 À quel siècle se déroule l'extrait « Un paysan » ? Qui relate l'oral d'un examen à l'École d'artillerie de Châlons-sur-Marne ?

....

6 Qu'est-ce qu'une « promotion », au sens commercial du terme ? ....

....

7 Qu'appelle-t-on « le train de vie » ? ....

8 Où est situé le domaine de Malicroix ? Dans quelle région de France ?

9 À quelle personne La Place s'adresse-t-il quand il déclare : « Un des plus beaux examens que j'ai vu passer dans ma vie, est celui de votre aide de camp, le jeune Drouot » ?

....

10 Chez qui l'enfant accompagne-t-il sa grand-mère dans l'extrait d'André Chamson, *Le Chiffre de nos jours* ?

....

Jeux

1. Réponds à chaque question.
2. Contrôle ta réponse en te reportant aux corrigés page 118.
3. Chaque réponse exacte te rapporte deux points.

Blancs à compléter

Dans les phrases suivantes certains mots ont été supprimés. À toi de les retrouver, en te souvenant des textes que tu as étudiés.

1 De mon .... Malicroix, je .... rien.

2 Très .... il s'appelait Cornélius ...., et il était ....

3 Ils étaient ...., et Sally, qui n'avait pas encore grande .... des .... de cet âge, aurait donné tout ce qu'elle possédait pour être leur ....

4 Elle a su panser mes ...., sans y mettre les doigts dessus, sans même paraître les .... et je lui dois de ne pas en avoir gardé de ....

5 C'était durant .... de 1793. Une nombreuse et florissante .... se pressait à ...., dans une des salles de ....

Mot unique

Quel mot unique correspond à chacune de ces cinq séries de mots ?

6 a. l'escalier à colonnes — b. le grenier — c. la cuisine ....

7 a. ce que j'avais fait — b. ce que faisaient mes parents — c. ce que je voulais faire moi-même ....

8 a. des blouses à smocks — b. un chandail — c. une jupe — d. une culotte ....

9 a. miel — b. jade — c. noisette — d. cerise — e. turquoise ....

10 a. bon — b. méchant — c. inquiétant — d. terrible ....

Les sentiments et les états d'âme

Que sont les sentiments et les états d'âme ?

Les sentiments et les états d'âme sont les sensations, les impressions, l'ensemble de tout ce que l'on peut éprouver dans une situation donnée.

Exemples : – J'ai le sentiment d'être abandonnée par mes amis.
– Je me sens forte face à ces difficultés.

Les sentiments sont aussi nos tendances et nos penchants, ce que nous éprouvons à l'égard des autres. Ce peut être aussi pour des domaines de l'activité humaine, des lieux, des époques, etc.

Exemples : – J'ai une grande tendresse pour Renaud.
– J'adore Frédéric.
– Je déteste la course à pied.
– Je raffole de l'escalade.
– La Normandie m'enchante.
– Je suis fascinée par le Moyen Âge.

Les états d'âme sont les dispositions particulières de l'humeur.

Exemples : – Paul est très en forme.
– Martine se sent mélancolique.
– Nous étions très stressés à l'idée de partir.
– Je pense à nos vacances avec nostalgie.

Sentiments et états d'âme appartiennent à la vie privée, à la vie intérieure. Ils sont parfois difficiles à identifier, donc à exprimer.

Ils demandent que l'on maîtrise un vocabulaire abstrait* précis et nuancé.

Comment exprimer sentiments et états d'âme ?

Il faut identifier avec précision le sentiment ressenti, éprouvé, puis choisir le terme qui convient exactement à la situation. Ainsi, la gaieté, la joie, le bonheur, l'allégresse appartiennent tous au même champ sémantique*, mais on ne peut pas les employer les uns à la place des autres.

Ainsi, on parlera :

– d'une fête placée sous le signe de la gaieté ou de l'allégresse ;

– de la joie d'annoncer la naissance de son petit frère ;

– du bonheur qu'il y a de vivre auprès de ceux qu'on aime.

De nos jours, la langue est moins stricte qu'au XVIIe siècle où le bon usage voulait que l'on n'emploie jamais un mot à la place d'un autre.

Ainsi pour exprimer les nuances du verbe « aimer », on disait :

« J'adore Dieu, j'aime mes parents et je goûte le melon. »

Néanmoins, la précision doit être recherchée : « être amer » ne signifie pas « se sentir ulcéré » ou « bafoué ». Éprouver de « l'« antipathie » n'est pas éprouver de l'« animosité » ou de la « haine ».

Quelques sentiments particuliers

1 L'ennui : Spleen

Tout m'ennuie aujourd'hui. J'écarte mon rideau.
En haut ciel gris rayé d'une éternelle pluie,
En bas la rue où dans une brume de suie
Des ombres vont, glissant parmi les flaques d'eau.
Je mange, et bâille, et lis, rien ne me passionne...

Jules Laforgue, *Poèmes inédits*, 1880.

2 La mélancolie, la nostalgie du passé, l'inquiétude face à la mort et au temps qui passe, sourde angoisse existentielle.

Nous avons tous les jours l'habitude de voir
Cette route si simple et si souvent suivie,
Et pourtant quelque chose est changé dans la vie,
Nous n'aurons plus jamais notre âme de ce soir.

Anna de Noailles, *Le Cœur innombrable*, DR
(fin du poème « Il fera longtemps clair ce soir »).

3 Le désespoir, le sentiment de solitude et d'abandon, l'amour perdu, l'incommunicabilité.

Et il est parti
Sous la pluie
Sans une parole
Sans me regarder
Et moi j'ai pris
Ma tête dans ma main
Et j'ai pleuré.

Jacques Prévert, *Paroles*, Gallimard, 1946 (fin du poème « Déjeuner du matin »).

16 L'ennui

Lis bien le texte

Dimanches

Morne l'après-midi des dimanches, l'hiver,
Dans l'assoupissement des villes de province,
Où quelque girouette inconsolable grince
Seule, au sommet des toits, comme un oiseau de fer !

Il flotte dans le vent on ne sait quelle angoisse !
De très rares passants s'en vont sur les trottoirs :
Prêtres, femmes du peuple en grands capuchons noirs,
Béguines revenant des saluts de paroisse.

Des visages de femme ennuyés sont collés
Aux carreaux, contemplant le vide et le silence,
Et quelques maigres fleurs, dans une somnolence,
Achèvent de mourir sur les châssis voilés.

Et par l'écartement des rideaux des fenêtres,
Dans les salons des grands hôtels patriciens,
On peut voir, sur des fonds de gobelins anciens,
Dans de vieux cadres d'or, les portraits des ancêtres,

Et tous ces vieux hôtels sont vides et sont ternes ;
Le Moyen Âge mort se réfugie en eux ;
C'est ainsi que, le soir, le soleil lumineux
Se réfugie aussi dans les tristes lanternes. [...]

Et voici que soudain les cloches agitées
Ébranlent le Beffroi debout dans son orgueil,
Et leurs sons, lourds d'airain, sur la ville au cercueil
Descendent lentement comme des pelletées !

Georges Rodenbach, *La Jeunesse blanche*, 1886.

Retiens bien

• La poésie est un genre qui parvient particulièrement bien à rendre les sentiments qui sont éprouvés par les personnages.

• Dans ce poème, les circonstances dans lesquelles naît et se développe l'ennui permettent de comprendre le sentiment.

Observe le texte

1 **De quel genre de texte s'agit-il ? Compose une réponse précise, complète et méthodique.**

2 **LE TITRE DU POÈME**

a. Quel est ce titre ? ....

b. Quelles impressions, quels sentiments sont le plus souvent attachés à ce mot ?

....

c. Est-ce le cas ici ? Quelle impression d'ensemble domine le texte ?

....

3 **LES RÉFÉRENCES**

Quel est le titre du recueil auquel appartient ce texte ? ....

Quelles suppositions peux-tu avancer ? ....

4 **LE POÈME**

a. Combien de strophes* ce poème comprend-il ? ....

b. De quel type de vers* s'agit-il ? ....

c. Quelle est la disposition des rimes* ? ....

Comprends le texte

5 **Deux termes du texte (deux noms communs, l'un désignant des personnes, l'autre désignant un édifice) situent géographiquement les lieux.**

a. De quels termes s'agit-il ? ....

b. Donnes-en la définition.

c. Quels lieux évoquent-ils ?

6 **Soit les mots suivants empruntés à la première strophe.**

morne, l'assoupissement, inconsolable, seule.

a. Définis-les rapidement.

b. Quelle impression d'ensemble fournissent-ils ?

7 **Quel mot de la deuxième strophe résume l'impression dégagée par la première strophe ?** ....

8 **L'« ennui », la « solitude », l'« angoisse ».**

a. Donne une définition précise de chacun de ces mots.

b. Donne un maximum de mots de la même famille.

9 **Dans des paragraphes soigneusement rédigés, explique ce que sont :**

a. de grands hôtels patriciens (vers 14)

b. des gobelins anciens (vers 15)

c. de tristes lanternes (vers 20)

Analyse le texte

10 **LES LIEUX**

a. Quels lieux évoque le poème ? Compose une réponse rédigée et ordonnée (en partant du plus grand pour aller au plus petit, par exemple).

b. Relève les mots qui caractérisent ces lieux.

c. Quelle impression d'ensemble se dégage de ces lieux ?

d. Que se passe-t-il à l'extérieur ?

e. Que se passe-t-il à l'intérieur des vieux « hôtels patriciens » ?

f. Quelle sensation domine aussi bien à l'intérieur qu'à l'extérieur ?

11 **LA SAISON**

a. De quelle saison s'agit-il ? ....

b. Quel temps fait-il ? ....

12 **LES PERSONNAGES**

a. Énumère-les. ....

b. Que font-ils ? (Rédige ta réponse et organise-la en deux parties : ceux qui sont à l'extérieur, ceux qui sont à l'intérieur.)

À toi d'écrire

13 **« Mourir d'ennui »**

a. Explique cette expression.

b. Il t'est déjà arrivé d'éprouver ce sentiment. En quelques phrases, précise en quelles circonstances.

14 **Rédige un paragraphe d'une dizaine de lignes dans lequel apparaîtront les expressions suivantes.**

a. l'assoupissement des villes de provinces

b. de très rares passants

c. le vide et le silence

Rédaction

Rappel

• Le sentiment qu'éprouvent les personnages (l'ennui, l'angoisse, la peur de la mort) peut se trouver induit par des lieux, des atmosphères particuliers (tristes, funèbres, morbides, hivernaux, dans un décor qui n'est pas hospitalier).

• De manière que le lecteur comprenne bien l'intensité des sentiments éprouvés, il faut présenter le lieu ou l'atmosphère avec précision et fournir des détails sur les éléments du paysage, la saison, le temps qu'il fait, l'activité des gens qui animent le décor.

• Compose une rédaction.

L'ennui.

• Conseils pour t'aider.

1. Quand tu as à faire un devoir dont le sujet est composé d'un seul mot, ne pars pas à l'aveuglette, mais rédige d'abord un plan.
2. Chaque idée pourra fournir matière à un paragraphe particulier.
3. Pour composer ton plan, tu peux t'interroger puis répondre aux questions que tu t'es posées.

   Par exemple :

   – qu'est-ce que l'ennui ?

   – quand s'ennuie-t-on ?

   – pour quelles raisons s'ennuie-t-on ?

   – que peut-on faire pour échapper à l'ennui ?

Répertoire

Recopie les mots suivants et leur définition dans ton répertoire.

morne	l'assoupissement	la somnolence
les béguines	le beffroi	

17 La colère et l'amertume

Lis bien le texte

La colère du père

L'automne de cette année-là fut marqué par plusieurs événements notables. Tout d'abord, Joseph refusa de continuer ses études. Cette décision jeta notre père en fureur et maman dans un grand trouble.

« Voyons, Joseph, disait-elle, tu parles d'arrêter tes études au moment même que ton père en commence de terriblement difficiles [...].

Joseph avait le regard rétif d'un cheval qui ne veut pas sauter l'obstacle. [...] Papa grondait.

« Si ce n'est pas de la paresse pure et simple, donne tes raisons. »

Joseph ne refusait pas de s'expliquer :

« Des raisons, j'en ai beaucoup. D'abord, je ne suis pas fait pour les études. Oh ! je ne suis pas plus bête qu'un autre, mais toutes ces histoires ne me disent rien du tout. Ce n'est pas mon genre. Et je suis même sûr que les trois quarts de ce qu'on apprend, c'est parfaitement inutile, au moins pour ce que je veux faire. Et puis, il faut toujours acheter des livres et des fournitures. [...] Nous n'avons pas les moyens d'acheter tant de choses.

– C'est une mauvaise raison, dit le père avec amertume. Si tu avais vraiment la moindre envie de t'instruire, tu les volerais plutôt, les livres...

– Ram, s'écria maman, ne lui donne pas, même en riant, un conseil de cette espèce.

– Il sait bien ce que ça veut dire. Des livres ! Des livres ! on les ferait sortir de terre, quand on en a vraiment besoin. »

Mon père tirait sur sa moustache. Il avait l'air profondément déçu. Alors qu'il se préparait à donner lui-même, pour l'ascension de la tribu, le plus grand effort de sa vie, voilà que, déjà, l'équipe de relève manifestait des signes de fatigue.

Georges Duhamel, *Le Notaire du Havre*, Mercure de France, 1933.

Retiens bien

• Quand un texte présente des personnages qui sont en conflit, les sentiments que chacun d'eux éprouve doivent être au moins mentionnés.

Observe le texte

1 **Qui raconte cette histoire de famille ?**

....

2 **Ce texte comporte des passages au style direct et des passages au style indirect. Quelle est la fonction de ces différents passages dans le texte ?**

Comprends le texte

3 **Soit les mots « notoire » et « notable ».**

a. Quel est leur sens ?

b. Emploie chacun d'eux dans une phrase qui mettra son sens en valeur.

c. Comment appelle-t-on ces mots proches que l'on peut confondre facilement ?

d. Donne quelques exemples de ce genre de mots.

4 **La « fureur », le « trouble ».**

Emploie chacun de ces mots dans une phrase qui éclairera leurs différences.

5 **Qu'est-ce qu'un « regard rétif » (ligne 6) ?**

6 **Explique le sens du mot « fournitures » (ligne 14).**

7 **Avec tes propres mots, explique les expressions suivantes.**

a. l'ascension de la tribu (ligne 22)

b. l'équipe de relève (ligne 23)

c. manifester des signes de fatigue (ligne 23)

8 **Donne un maximum de mots appartenant à la famille* des mots suivants.**

étude – décision – difficile – progrès

Analyse le texte

9 **LES PERSONNAGES**

a. Nomme-les et indique les relations qu'ils ont entre eux.

b. Dans quelle situation de communication se trouvent-ils placés ?

10 LE CONFLIT

a. Quel est l'objet du conflit ? ....

b. Quelle est la position de Joseph ? ....

c. Quelle est celle de son père ? Quels sont ses arguments ?

d. Quelle est celle de sa mère ? ....

e. Quelle est celle du narrateur* ? ....

11 LES SENTIMENTS ET LES ÉTATS D'ÂME

a. Comment se comporte Joseph ? ....

b. Comment sa mère réagit-elle ? ....

c. Quelle est l'attitude du père ? Comment réagit-il ? Relève quelques expressions particulièrement significatives du texte. Relève deux expressions du texte qui indiquent clairement ce qu'il ressent.

12 LES ARGUMENTS

a. Quels sont les arguments de Joseph pour arrêter ses études ?

b. Quels arguments lui oppose son père ?

c. Quels arguments lui oppose sa mère ?

À toi d'écrire

13 Soit la première phrase de l'extrait : « L'automne de cette année-là fut marqué par plusieurs événements notables. » Remplace le point final par deux-points et fait suivre ce début d'une énumération cohérente comportant quatre éléments au moins.

14 Explique en une dizaine de lignes ce que veut dire le père quand il dit à Joseph : « Des livres ! Des livres ! on les ferait sortir de terre, quand on en a vraiment besoin. »

15 Que sont pour toi des études « terriblement difficiles » ?

16 Compose un texte d'une dizaine de lignes qui s'organisera autour des mots suivants.

– cette année-là

– il grondait

– le plus grand effort de sa vie

– le commerce

17 L'AMERTUME

a. En quelques lignes, définis ce qu'est l'amertume.

b. Tu as déjà éprouvé ce sentiment ; précise en quelles circonstances.

Rédaction

Rappel

• Quand plusieurs personnes s'opposent et éprouvent des sentiments différents dans des circonstances semblables, il faut donner au lecteur des précisions concernant :
– le conflit qui oppose les différents personnages ;
– les positions de chacun des personnages, avant de présenter leurs sentiments.

• Le sentiment peut évoluer au fil du texte : ici, le père passe de la fureur à l'amertume.

• Pour tenir compte de l'évolution des sentiments des personnages, il faut utiliser un vocabulaire nuancé et précis.

• Compose une rédaction.

À toi d'imaginer la suite du texte.

• Conseils pour t'aider.

1. Relis le texte.
2. La situation de départ est claire, respecte-la.
3. Le plus simple est de continuer à adopter le point de vue du narrateur en racontant en son nom la suite des événements.
4. Il est intéressant de consacrer une grande partie du devoir à Joseph, le personnage principal, qui refuse de continuer ses études et avance des problèmes d'ordre économique. Poursuivra-t-il ou non ses études ? S'il les abandonne, que fera-t-il ?
5. Il ne faut cependant pas négliger de donner une suite au trouble de la mère et au projet d'études de médecine du père.

Répertoire

Recopie les mots suivants et leur définition dans ton répertoire.

la paresse
la fureur
une décision
l'amertume
les études

18 La peur

Lis bien le texte

Une nuit agitée

Alors je m'assis avec précaution. Le fauteuil était solide. Je n'osais pas me coucher. Cependant le temps marchait. Et je finis par reconnaître que j'étais ridicule. Si on m'espionnait, comme je le supposais, on devait, en attendant le succès de la mystification préparée, rire énormément de ma terreur.

Je résolus donc de me coucher. Mais le lit m'était particulièrement suspect. Je tirai sur les rideaux. Ils semblaient tenir. Là était le danger pourtant. J'allais peut-être recevoir une douche glacée du ciel de lit, ou bien, à peine étendu, m'enfoncer sous terre avec mon sommier. Je cherchais en ma mémoire tous les souvenirs de farces accomplies. Et je ne voulais pas être pris. Ah ! mais non ! ah ! mais non !

Alors je m'avisai soudain d'une précaution que je jugeai souveraine. Je saisis délicatement le bord du matelas, et je le tirai vers moi avec douceur. Il vint, suivi du drap et des couvertures. Je traînai tous ces objets au beau milieu de la chambre, en face de la porte d'entrée. Je refis là mon lit, le mieux que je pus, loin de la couche suspecte et de l'alcôve inquiétante. Puis j'éteignis toutes les lumières, et je revins à tâtons me glisser dans les draps.

Je demeurai au moins encore une heure éveillé tressaillant au moindre bruit. Tout semblait calme dans le château. Je m'endormis.

Guy de Maupassant, *La Farce*, 1883.

Retiens bien

- Quand un personnage ressent une impression vive ou éprouve un sentiment violent, il faut préciser dans quelles circonstances il éprouve ce sentiment.
- Souvent, face à ce sentiment, le personnage réagit et agit. Ce qu'il décide de faire éclaire le sentiment qu'il éprouve.

Observe le texte

1 Combien de paragraphes cet extrait comporte-t-il ? ……………………………………

2 Donne à chacun de ces paragraphes un titre qui les résume.

3 Donne au texte un titre qui le résume. Ce titre devra comporter plus de trois mots et pourra être une phrase.

……………………………………………………………………………………………………

4 Recopie la première phrase puis la dernière phrase de l'extrait. Quel type de renseignement as-tu obtenu en mettant en parallèle ces deux informations ?

5 Qui sont les personnages du texte ? Pour répondre à cette question, commence par faire un relevé des pronoms personnels.

6 « Ah ! mais non ! ah ! mais non ! » ; quels sentiments du narrateur* ces expressions traduisent-elles ?

7 Combien de temps se passe-t-il entre le début de l'extrait : « Alors, je m'assis avec précaution » et la fin : « Je m'endormis ». Dans quel état d'esprit le narrateur a-t-il vécu ce laps de temps ?

Comprends le texte

8 À la manière du dictionnaire, rédige la définition des mots suivants.

a. suspect
b. une farce
c. un sommier
d. une précaution

9 Qu'est-ce qu'une « mystification » ?

10 Explique le plus simplement et le plus rapidement possible chacune des expressions suivantes en portant une attention particulière à ce qui est souligné.

a. je m'assis <u>avec précaution</u> : ……………………………………
b. le temps <u>marchait</u> : ……………………………………
c. je <u>résolus</u> donc de me coucher : ……………………………………
d. je ne voulais pas <u>être pris</u> : ……………………………………
e. une précaution que je jugeai <u>souveraine</u> : ……………………………………
f. je revins <u>à tâtons</u> me glisser dans les draps : ……………………………………

11 Dans quels lieux l'action se déroule-t-elle ? Tu dois donner deux réponses, l'une générale, l'autre plus particulière.

Analyse le texte

12 **À quelle époque peux-tu situer approximativement le déroulement de cette action ? (Attention, cette époque n'est jamais clairement indiquée dans le texte ; d'un indice que le texte ne met d'ailleurs pas particulièrement en valeur, tu peux faire des déductions. Cherche d'abord le mot qui te mettra sur une piste…)**

13 **Fais suivre chacun des deux verbes d'une phrase.**

a. je n'oserai pas : ……………………………………

b. je résolus : ……………………………………

14 **Relève tous les mots et toutes les expressions qui appartiennent au champ lexical* de la peur.**

15 **Dans quelle situation concrète, matérielle, le narrateur se trouve-t-il placé ?**

16 **Dans quelle situation psychologique se trouve-t-il placé ? Dans quel état d'esprit est-il ?**

……………………………………

17 **Que redoute-t-il ?** ……………………………………

18 **À ton avis, ses craintes sont-elles fondées ?**

19 **Que fait-il pour échapper à la terreur qui l'étreint ?**

20 **Réussit-il pour autant à ne plus avoir peur ?** ……………………………………

21 **Comment cette première partie de l'aventure se clôt-elle ?**

……………………………………

À toi d'écrire

22 **Compose un paragraphe de six lignes environ qui se terminera par : « Je résolus donc de me coucher. » (Attention à la valeur du « donc » qui marque une conséquence.)**

23 **« Tout semblait calme dans le château » : ce sera la première phrase d'un texte d'une dizaine de lignes dont la deuxième commencera par : « Mais, tout à coup… ».**

24 **Compose un récit qui sera organisé autour des mots suivants que tu placeras dans l'ordre de ton choix : espionner, la terreur, suspect (à employer comme nom ou comme adjectif), le danger, une précaution, inquiétant. Pour cet exercice, ton objectif sera de rédiger un texte qui soit cohérent, mais également court.**

Rédaction

Rappel

• Quand un personnage éprouve un sentiment – et surtout un sentiment violent et profond –, ce sentiment ne naît en général pas subitement. Il est préparé par des événements qui précèdent ce moment.

• D'autres sentiments éprouvés juste auparavant permettent d'expliquer ce sentiment. Ainsi, dans cet extrait, la terreur que le narrateur éprouve avant de finir par s'endormir ne se déclenche pas subitement. Elle constitue une sorte d'aboutissement.

• Compose une rédaction.

Imagine la quinzaine de lignes qui précède directement cet extrait.

• Conseils pour t'aider.

1. Relis l'extrait pour en adopter le style.
2. Respecte le temps verbal : le passé simple.
3. Veille à ne pas commettre d'anachronisme* : l'action du texte se déroule au XIXe siècle, à l'époque à laquelle vécut Maupassant.
4. La scène se déroule en Normandie, dans un château.
5. Le narrateur est venu passer quelques jours à la campagne, chez des amis.
6. Comme tu dois écrire ce qui précède immédiatement le texte, fais bien attention au moment que tu vas devoir décrire et qui se situera avant que le narrateur aille se coucher.

Répertoire

Recopie les mots suivants et leur définition dans ton répertoire.

la terreur	une précaution
une farce	une alcôve

19 L'humiliation

Lis bien le texte

En classe

Il se leva ; sa casquette tomba. Toute la classe se mit à rire.

Il se baissa pour la reprendre. Un voisin la fit tomber d'un coup de coude ; il la ramassa encore une fois.

« Débarrassez-vous donc de votre casque », dit le professeur [...]

Il y eut un rire éclatant des écoliers qui décontenança le pauvre garçon, si bien qu'il ne savait s'il fallait garder sa casquette à la main, la laisser par terre ou la mettre sur sa tête. Il se rassit et la posa sur ses genoux.

« Levez-vous, reprit le professeur, et dites-moi votre nom. »

Le nouveau articula, d'une voix bredouillante, un nom inintelligible.

« Répétez ! »

Le même bredouillement de syllabes se fit entendre, couvert par les huées de la classe.

« Plus haut ! cria le maître, plus haut ! »

Le nouveau, prenant alors une résolution extrême, ouvrit une bouche démesurée et lança à pleins poumons, comme pour appeler quelqu'un, ce mot : *Charbovari*.

[...] Ce fut un vacarme qui s'élança d'un bond, monta en crescendo, avec des éclats de voix aigus [...], puis qui roula en notes isolées, se calmant à grand'peine [...]. Sous la pluie des pensums, l'ordre peu à peu se rétablit dans la classe.

Gustave Flaubert, *Madame Bovary*, 1857.

Retiens bien

• Quand les sentiments qu'éprouve un personnage sont en relation directe avec la situation qu'il vit, il faut décrire minutieusement toutes les circonstances de l'action.

Observe le texte

1 **Combien de grands moments ce texte comporte-t-il ?**

2 **Quel est l'ordre qui a été choisi pour présenter cette scène ?**

3 **Quel mot important dois-tu retenir dans la première ligne de cet extrait ? En quoi ce mot est-il important ?**

4 **Recopie la dernière phrase du texte. En ayant présente à l'esprit cette dernière phrase, donne un titre à cet extrait.**

Comprends le texte

5 **Quel type de rapport y a-t-il entre un « casque » et une « casquette » ?**

a. Rapport sémantique* au niveau des mots, à l'état pur

b. Rapport dans la réalité des deux objets

c. Comment expliques-tu que les élèves rient autant de la formule du professeur : « Débarrassez-vous donc de votre casque. »

d. Comment expliques-tu que le professeur ait ainsi employé un mot à la place d'un autre ? Formule au moins deux hypothèses.

6 **Donne le sens des mots suivants, puis emploie chacun d'eux dans une courte phrase qui mettra son sens en valeur.**

a. décontenancer

b. un vacarme

c. un pensum

d. une résolution

7 **Explique le plus simplement et le plus clairement possible chacune des expressions suivantes.**

a. il y eut un rire éclatant

b. une voix bredouillante

c. les huées de la classe

d. une bouche démesurée

e. à pleins poumons

8 **Soit les deux couples d'expressions suivants.**

a. un grand homme / un homme grand

b. un pauvre garçon / un garçon pauvre

Quel commentaire peux-tu faire ?

9 **Relève tous les mots et toutes les expressions de l'extrait qui ont un rapport avec le bruit. Que remarques-tu ?**

10 **Quelle est la figure de style* contenue dans l'expression « sous la pluie des pensums » ?**

Analyse le texte

11 **LES CIRCONSTANCES**

Précise toutes les circonstances dans lesquelles se déroule l'action, en quelques phrases soigneusement rédigées.

12 **LES PERSONNAGES**

a. Nomme-les tous.

b. Comment expliques-tu que certains personnages apparaissent sous des noms différents ?

13 **LES COMPORTEMENTS**

Il y a des comportements collectifs (ceux de la classe : tous les élèves réagissent aux mêmes événements, en même temps et de la même manière) et les comportements individuels qui concernent des individus isolés.

a. Quel est le comportement de la classe ? ....

b. Quel est celui du professeur ? ....

c. Quel est celui de Charles ? ....

....

Après avoir décrit ces comportements, tu les qualifieras, en matière de conclusion.

14 **LES SENTIMENTS**

Quels sont les sentiments qu'éprouve successivement Charles ?
Suis l'ordre des événements du texte pour ne pas en oublier.

Événements	Sentiments

À toi d'écrire

15 **Quel genre d'élève Charles va-t-il être à ton avis ?**
Réponds en une dizaine de lignes.

Rédaction

Rappel

• Face à un ensemble d'événements auxquels il se trouve intimement mêlé, un personnage va éprouver des sentiments successifs.

• Ces sentiments peuvent être du même ordre, avec une gradation.
***Exemple :* d'une crainte vague à la peur, pour conduire à la terreur, à la panique.**

• Ces sentiments peuvent être différents les uns des autres.
***Exemple :* de l'appréhension au soulagement.**

• Compose une rédaction.

Décris la scène qui précède immédiatement les lignes que tu viens d'étudier.

• Conseils pour t'aider.

1. Relis le texte dans la perspective du sujet qui t'est donné.
2. Respecte le style d'ensemble ainsi que les temps verbaux.
3. La scène que tu as étudiée se présente selon un ordre chronologique* ; il est donc tout à fait conseillé que tu adoptes le même plan.
4. Tiens compte de l'époque : le XIXe siècle, et du lieu : un collège de province.
5. Tu peux naturellement imaginer le début le plus simple qui soit : un jour, pendant un cours, le proviseur fait irruption dans la salle de classe, accompagné d'un nouvel élève qu'il « présente » à la fois au professeur et à ses nouveaux camarades.

Répertoire

Recopie les mots suivants et leur définition dans ton répertoire.

décontenancer	bredouiller	inintelligible
démesuré	un pensum	extrême

20 L'admiration

Lis bien le texte

Conrad le magnifique

Nous le regardions fixement, comme si nous avions vu un fantôme. Probablement tout comme les autres, ce qui me frappa plus que son maintien plein d'assurance, son air aristocratique et son sourire nuancé d'un léger dédain, ce fut son élégance. En matière de style vestimentaire, nous faisions à nous tous un morne assemblage. La plupart de nos mères avaient le sentiment que n'importe quels vêtements étaient assez bons pour aller en classe aussi longtemps qu'ils étaient faits d'étoffe solide et durable. Nous ne nous intéressions encore aux filles que médiocrement, de sorte que peu nous importait cet accoutrement […].

Mais, pour lui, c'était différent. Il portait un pantalon de bonne coupe et au pli impeccable qui, de toute évidence, n'était pas, comme les nôtres, un vêtement de confection. Son luxueux costume gris clair était fait de tissu à chevrons et, presque certainement, « garanti anglais ». Sa chemise était bleu pâle et sa cravate bleu foncé ornée de petits pois blancs. Par contraste, nos cravates paraissaient sales, graisseuses et éraillées. Et bien que nous considérions comme efféminée toute tentative d'élégance, nous ne pouvions nous empêcher de regarder avec envie cette image d'aisance et de distinction.

Le professeur Klett alla tout droit à Herr Zimmermann, lui murmura quelque chose à l'oreille et disparut sans que nous l'eussions remarqué parce que nos regards étaient concentrés sur le nouveau venu. Il se tenait immobile et calme, sans le moindre signe de nervosité. Il paraissait, en quelque sorte, plus âgé et plus mûr que nous et il était difficile de croire qu'il n'était qu'un nouvel élève. S'il avait disparu aussi silencieusement et mystérieusement qu'il était entré, cela ne nous eût pas surpris.

Fred Uhlman, *L'Ami retrouvé*,
traduit de l'anglais par Léo Lack, Gallimard, 1978.

Retiens bien

- Pour mettre en valeur une caractéristique d'un personnage, le narrateur* peut créer un jeu d'opposition.
- Ici, l'allure du nouvel élève est en total contraste avec l'allure des autres élèves.
- C'est de cette opposition que va naître le sentiment qu'éprouve le narrateur.

Observe le texte

1 **Les noms propres**

a. Note tous ceux qui sont contenus dans cet extrait.

....

b. Quelle remarque fais-tu ? ....

c. Quelle conclusion peux-tu formuler ? ....

2 **Donne un titre à chacun des trois paragraphes de cet extrait.**

3 **Quel ordre le narrateur a-t-il choisi pour présenter cette scène ?**

4 **Avant même d'étudier cet extrait en détail, peux-tu le rapprocher d'un autre extrait que tu as étudié dans cet ouvrage ?**

a. De quel extrait s'agit-il ? ....

b. Quels sont les deux points communs entre les deux textes ?

....

5 **Le nouvel élève se différencie d'emblée des autres élèves de la classe par son élégance vestimentaire. Recopie le tableau suivant et complète-le.**

Tenue vestimentaire des élèves en général	Tenue vestimentaire de Conrad

Comprends le texte

6 **Rédige la définition de chacun des mots suivants, à la manière du dictionnaire.**

a. un fantôme b. le dédain c. le maintien d. l'étoffe

7 **Donne un maximum de mots appartenant à la famille* des mots suivants.**

a. vestimentaire b. différent c. sentiment d. intéressé

8 **Fournis un antonyme* de chacun des mots suivants (attention aux pièges !).**

a. médiocrement
b. foncé
c. impeccable
d. pâle
e. luxueux
f. calme

9 **Écris le contraire de chacune des expressions suivantes.**

a. un maintien plein d'assurance : ....

b. un air aristocratique : ....

c. un morne assemblage : ....

Analyse le texte

10 Qui parle ? ....

11 LES CIRCONSTANCES DE L'ACTION

a. Dans quels lieux se déroule-t-elle ? ....

b. À quelle époque se déroule-t-elle ? Un détail important du texte te permet de répondre au moins à la question suivante : cette scène est-elle contemporaine ou antérieure à 1968 ?

c. À quel moment ? ....

12 LES PERSONNAGES

a. Deux groupes de personnages – secondaires – sont nommés dans le texte :

– pour quelles raisons l'auteur fait-il référence à ces personnages ?

– quel type d'éclairage ces renseignements nous fournissent-ils sur la personnalité des élèves et sur leur genre de vie ?

b. Quel est l'autre groupe de personnages présent dans le texte ?

Quelle est la principale caractéristique de ce groupe ?

c. Qui est le « héros » du texte ?

Comment se prénomme-t-il ?

Quelle aventure vit-il dans cet extrait ?

13 CONRAD LE MAGNIFIQUE

a. Justifie en quelques phrases soigneusement rédigées le titre qui a été donné à l'extrait

b. Quelles sont ses principales qualités physiques ?

c. Remplis le tableau suivant en résumant l'essentiel de ce qui a été précisé dans le texte.

Conrad	Les autres élèves

14 Quels sentiments Conrad inspire-t-il aux autres élèves ?

15 Compare Conrad à Charles, le héros du texte précédent.

À toi d'écrire

16 À ton avis, quels sentiments Conrad peut-il éprouver en découvrant ce « morne assemblage » ?

Rédaction

Rappel

• Dans un texte, le lecteur ne découvre pas toujours le point de vue de tous les personnages présents. Ici, nous connaissons les sentiments qu'éprouve la classe. Nous pouvons deviner ceux qu'éprouvent le professeur et le proviseur.

• Plus subtilement encore, nous pouvons deviner ceux qu'éprouvent Conrad. En « lisant entre les lignes », en tirant parti de toutes les informations fournies et en formulant de prudentes hypothèses, nous pouvons découvrir le point de vue de Conrad, même s'il n'est jamais clairement exprimé.

• Compose une rédaction.

Imagine la suite immédiate et logique du texte.

• Conseils pour t'aider.

1. Respecte le style et le ton de l'extrait.
2. Fais appel à ton bon sens pour décrire une situation que tu as peut-être déjà vécue ou à laquelle tu as déjà participé.

   Cette situation – celle de l'installation d'un nouvel élève dans une classe – dans le texte extrait de *Madame Bovary* au chapitre précédent, tu l'as déjà découverte.
3. N'omets pas ce détail important : la déférence que les adultes témoignent au nouveau venu.

Répertoire

Recopie les mots suivants et leur définition dans ton répertoire.

le maintien	le dédain	un air aristocratique	l'aisance
la distinction	l'élégance	un morne assemblage	

Évaluation

Récréa-jeux

Voici dix questions portant sur les cinq extraits que tu as étudiés dans ce chapitre ou sur les exercices que tu as composés à la suite de ces extraits.

1. Réponds à chacune de ces questions.

2. Relis tes réponses et améliore-les toutes les fois que tu le jugeras utile.

3. Contrôle l'exactitude de tes réponses en te reportant aux corrigés de la page 124.

4. Note-toi : un point par réponse exacte.

5. Corrige et complète tes réponses à l'aide des explications et des corrigés de la page 124.

1 Quel pays est évoqué dans « Dimanches » de Georges Rodenbach ?

....

2 Qu'est-ce qu'un beffroi ? ....

3 Quel différend oppose Joseph à son père dans l'extrait « La colère du père » ?

....

4 Quel est le projet du père de Joseph dans l'extrait « La colère du père » ?

....

5 Dans quel type de demeure l'action d'« Une nuit agitée » (*La Farce*, Maupassant) se déroule-t-elle ?

....

6 Dans quel lieu l'action de « Conrad le magnifique » se déroule-t-elle ?

....

7 Pour quelles raisons Conrad est-il dit « le magnifique » ?

....

8 Quel sentiment Conrad suscite-t-il chez le narrateur ?

....

9 Que fait le narrateur pour échapper à ses « ennemis » dans *La Farce* de Maupassant ?

....

10 Quels sont les thèmes principaux du poème de Georges Rodenbach, « Dimanches » ? Tu dois en citer au moins trois.

....

Jeux

1. Réponds à chaque question.
2. Contrôle ta réponse en te reportant aux corrigés de la page 124.
3. Chaque réponse exacte te rapporte deux points.

Les personnages à découvrir

De quel personnage de ce chapitre est-il question ?

1 Il est élégant, distingué, et ses manières sont aisées. ....

2 Il est la risée des autres élèves, il porte une casquette. ....

3 Il a le regard rétif d'un cheval qui ne veut pas sauter l'obstacle. ....

4 Il est peureux, méfiant, imaginatif ; il finira par tomber dans un piège qu'il s'est lui-même tendu. ....

5 Il est coléreux, colérique, a un certain âge, parle avec amertume, a un certain goût pour les études. ....

Blancs à compléter

Dans les phrases suivantes, certains mots ont été supprimés. À toi de les retrouver en te souvenant des textes étudiés.

1 Morne l'après-midi des ...., l'hiver
Dans l'assoupissement des .... de ....,
Où quelque .... inconsolable grince
Seule, au sommet des ...., comme un oiseau de .... !

2 Tout d'abord, Joseph refusa de continuer ses .... Cette .... jeta notre père en .... et maman dans un .... trouble.

3 – Il sait bien ce que ça veut dire. Des .... ! Des .... ! on les ferait sortir de ...., quand on en a vraiment besoin.

4 Alors je m'assis avec .... Le .... était solide. Je n'osais pas me ....

5 Il se leva ; sa .... tomba. Toute la classe se mit à .... Il se .... pour la reprendre. Un voisin la fit .... d'un coup de coude.

Corrigés

1 Récit légendaire

1 Le bateau fantôme, la « bag-noz ».

2 Dans les parages de l'île de Sein, en Bretagne.

3 La « bag-noz », *resquiescant in pace*.

4 En breton, en latin.

5 La « barque fantôme » ou la « barque de nuit » sont deux expressions qui traduisent aussi bien l'une que l'autre l'expression bretonne en apportant des nuances différentes.

6 Les environs – naviguer – interpeller – l'équipage d'un bateau.

7 a. Malheur, accident.

b. Celle des substantifs.

c. Celle des adjectifs. Il a alors le sens de triste, désespérant.

8 a. La haute mer.

b. Celle des substantifs.

c. Celle des adjectifs. Antonyme d'étroit.

9 **Un fantôme** : apparition surnaturelle d'une personne morte, soit sous son ancienne apparence, soit dans la tenue caractéristique attribuée aux fantômes (suaires, chaînes).

Une ville fantôme : qui a été autrefois habitée, qui est restée telle quelle mais désertée de ses habitants.

Un bateau fantôme : qui apparaît et disparaît comme un fantôme.

10 a. Construction légère, élevée dans un jardin, kiosque.

b. Petite maison.

c. Pièce d'étoffe que l'on glisse sur un navire pour indiquer sa nationalité.

11 Côte. Accostage, côtier.

12 – Description de la « bag-noz ». – Explication de son nom. – Les apparitions de la « bag-noz ». – Une apparition particulière. – Paroles du pilote à l'homme de barre de la « bag-noz ». – Formule sacrée.

13 a. Toutes les fois qu'il doit se produire un sinistre.

b. On ne le sait pas.

c. On ne le sait pas.

d. Ils essaient de l'accoster.

e. Des cris, des appels, des voix suppliantes.

f. Pitié et terreur.

g. Un immense regret.

h. Mystérieuse, merveilleuse, pathétique, étrange.

14 *Exemple :* Plusieurs personnes se tenaient sous la tonnelle. Indifférentes à notre présence, elles chantaient dans une langue bizarre une mélopée, avec des voix tristes à fendre l'âme.

15 *Exemple :* À la tombée de la nuit nous aperçûmes enfin Lolo et Lili, les deux petits agneaux que nous cherchions depuis le matin.

Nous étions tous très heureux. Malheureusement, sitôt qu'on faisait mine d'approcher les agneaux partaient en courant et en bêlant lamentablement.

16 *Exemples :* a. Rien n'est plus sombre que ce salon. Il n'y a que des petites fenêtres et toutes les couleurs que l'on peut y voir sont noires ou grises : l'ensemble est singulièrement dépourvu de gaieté.

b. C'est une sombre affaire. On n'a jamais su exactement comment sa femme était morte ni comment il avait hérité de tout cet argent.

c. Jamais un sourire, toujours les sourcils froncés, le visage dur, il a l'air sombre. C'est à tel point qu'on imagine mal qu'il ait pu rire un jour.

d. Elle n'a pas d'amies. Elle ne plaisante jamais. Elle ne sourit pas davantage et passe son temps à ressasser ses problèmes. Je n'ai jamais rencontré personne plus triste et caractère plus sombre.

17 *Exemple :* À la tombée de la nuit, au large du Guilvinec, une batelée de marins déclare avoir vu un objet volant non identifié suivre son sillage pendant au moins un quart d'heure.

2 Récit merveilleux

1 Le prince.

2 Un prince (ligne 5).

3 a. Lignes 1 à 12 : dehors.

b. Lignes 13 à 20 : dans le domaine.

4 Le texte suit la progression du prince pas à pas : le bois, l'avenue, l'avant-cour, la cour, l'escalier, la salle des gardes, les chambres, la chambre de la princesse.

5 Au passé simple.

6 Au présent.

7 a. « À peine s'avança-t-il vers le bois que tous ces grands arbres, ces ronces et ces épines s'écartèrent d'elles-mêmes pour le laisser passer. »

b. « Il s'approcha en tremblant et en admirant, et se mit à genoux auprès d'elle. »

c. Après avoir pénétré dans le parc puis dans le château, le prince découvre la princesse.

8 a. Aucun de ses proches.

b. Il continua son chemin.

c. Ce qu'il découvrit d'abord était effrayant.

d. Le visage rouge des gardes.

e. Les soldats qui étaient disposés en ligne.

9 a. « Un prince jeune et amoureux est toujours vaillant. »

b. Rien ne rebute jamais un jeune prince amoureux et courageux.

10 La vision qui s'offre à son regard.

11 a. Voir la réponse à la question 4.

b. Majestueux, silencieux, peuplés de gens endormis, frappés par l'image de la mort.

c. Tout le monde y repose dans la position qui était la sienne quand le château s'est endormi.

12 a. Le prince, la princesse.

b. Les gens de la suite du prince : les suisses, les gardes, les gentilshommes et les dames.
Ceux qui n'appartiennent pas à la suite du prince sont éveillés, actifs mais n'ont pu pénétrer dans le domaine.

c. Courage, vaillance, persévérance, sang-froid.

d. Il est amoureux de la princesse.

e. Elle a quinze ou seize ans. Elle est très belle (éclat resplendissant, lumineux et divin). Elle est admirable et endormie dans une chambre dorée.

13 a. Le prince pénètre dans le bois, dans le parc, puis dans le château.

b. Les gens du prince ne peuvent pénétrer dans le parc du château, les arbres les en empêchant.

c. Ils sont endormis, comme morts.

d. Elle dort.

14 a. Il s'est figé. Il s'est arrêté pour la princesse et pour son entourage.

b. Ils laissent passer les uns (le prince) et non les autres (sa suite). Ils sont parfois funèbres, parfois superbes.

c. Ils sont en marge de la vie et du temps ; ils dorment.

d. Le prince agit, il est éveillé, les autres sont inactifs, endormis, mais le prince parviendra à les réveiller.

3 Récit de la vie quotidienne

1 Lignes 1 à 15 : récit, portrait.

Lignes 16 à 26 : dialogue.

2 École / vie scolaire.

3 Le lieu dans lequel l'action se déroule.

4 Tom, ses camarades de classe, Becky.

5 L'indifférence – Naissance d'une amitié.

6 a. Il, Tom, Thomas Sawyer.

b. La jeune fille, elle, Becky Thatcher.

7 a. Ligne 16.

b. Ligne 26.

8 a. Qui manifeste du dédain, hautain, froid.

b. Bruits de voix de personnes qui parlent tout bas.

c. Occupé, accaparé.

d. Discret, rapide.

9 a. Elle fit une moue.

b. Elle lui tourna délibérément le dos.

c. Tom renouvela sa manœuvre.

d. C'est splendide.

e. C'est chic.

10 a. Ça c'est gentil, sympathique !

b. Élégant.

11 a. Becky feint d'ignorer Tom.

b. 1. de furtifs coups d'œil.

2. et elle s'en aperçut, fit la moue et lui tourna le dos.

3. puis elle se retourna et trouva une pêche.

4. elle repoussa la pêche.

5. Tom renouvela la manœuvre.

6. Cette fois-ci elle la prit.

7. Tom fit un dessin.

8. D'abord elle n'y prêta pas attention.

9. Puis elle essaya de regarder.

10. Elle céda à la curiosité.

12 a. Astuce, créativité, imagination, patience, constance.

b. Indifférence – intérêt – reconnaissance.

13 a. Le surveillant en colère pénétra en trombe dans la salle d'étude. On venait de lui rapporter

que Louis était agité et empêchait ses camarades de faire leurs devoirs et d'apprendre leurs leçons. Mais la stupeur du surveillant fut grande. Au premier rang, Louis se tenait sagement assis. Il paraissait absorbé dans l'étude de ses leçons.

b. Le professeur se mit en colère et menaça ses élèves d'un contrôle dont les notes se verraient appliquer le cœfficient 4, si les bruits et les murmures ne cessaient pas dans les meilleurs délais. La menace calma les élèves pendant un quart d'heure puis le bourdonnement habituel reprit son cours.

c. Comme Emmanuel avait perdu toutes ses billes et qu'il était inconsolable, son grand frère fut ému. Il alla dans sa chambre, sortit de sa réserve une superbe agate et la tendit à l'enfant en lui disant : « Prends-la, j'en ai d'autres. »

14 Mélanie fit une moue qui signifiait combien elle méprisait ses voisines, trois fillettes, nouvelles dans le village. Puis, comme les étrangères s'amusaient visiblement beaucoup et riaient aux éclats, Mélanie commença par leur lancer de furtifs coups d'œil. La curiosité commençait à l'emporter sur le désir d'ignorer les belles indifférentes. Mais comme l'une des fillettes lui adressait un sourire engageant, Mélanie qui était très sauvage, fit un dédaigneux mouvement de la tête pour ne pas avoir à répondre à l'invitation.

4 Récit réaliste

1 Lignes 1 à 5 : le décor.

Lignes 6 à 17 : les hommes.

Lignes 18 à 26 : la pêche et le temps qui passe.

2 Un temps humide (ligne 1) ; il a plu (ligne 2).

3 Au petit matin, (aurore, ligne 25).

4 Yann et Sylvestre.

5 Des morues.

6 a. Profond.

b. Qui est caché, qui ne se manifeste pas.

c. Qui est toujours sur le même ton ou dont le ton est peu varié.

7 a. Hyperborée. – b. Fantasmagories. – c. Crépuscule.

8 a. L'humidité. – b. Le crépuscule. – c. Ils avaient l'habitude.

9 a. Frais. – b. Cesser. – c. Reflet. – d. Couleur.

10 a. Les morues salées. – b. Le bateau.

11 a. Nom et adjectif.

b. Adjectif (vague) ; nom (le large).

c. Floues, imprécises ; la haute mer.

d. – Vague : masse d'eau qui se soulève et s'abaisse – mouvement de flux et de reflux – confus, flou, imprécis.
– Large : ample – considérable, important – tolérant – généreux.

12 Pêche au large.

13 En haute mer, au large de l'Islande.

14 Frais et humide.

15 Difficiles, dangereuses, fatigantes.

16 Fraîcheur, goût du sel, calme, luminosité curieuse, mystère.

17 Le froid, un certain calme, une certaine monotonie, une certaine harmonie entre eux, avec l'univers.

18 L'appât du gain (ligne 20).

19 Ils travaillent en quelque sorte « à la chaîne » ; Yann et Sylvestre pêchent, un troisième marin découpe et sale les poissons.

20 Baril de sel ; lignes.

21 Le bateau est petit et inconfortable. C'est une sorte de cabane en planches. Peu important, l'équipage travaille du crépuscule à l'aube. Les hommes s'entendent bien. Certains d'entre eux pêchent les poissons à la ligne. Les morues sont ensuite découpées et salées pour être conservées jusqu'au retour du bateau en France.

22 Tout était calme et il ne pleuvait plus. La formule de ma grand-mère : « après la pluie, le beau temps » semblait exacte. Comme nous avions été confinés dans nos chambres et apeurés par le tonnerre, nous avions envie de nous défouler et nous décidâmes d'aller au bord de la mer sans perdre de temps.

23 Les grands oiseaux du large vivent loin des hommes, en haute mer. Ceux des mers froides ont-ils une vie plus difficile que les autres ? Comment le savoir ?

Comment imaginer leur existence ? N'est-elle pas monotone et précaire ?

Leurs seuls compagnons – dont par ailleurs ils se nourrissent volontiers – sont des poissons lourds d'un gris luisant d'acier dont le triste sort est d'être mangés quoi qu'il arrive.

5 Récit avec morale

1 La poésie.

2 Un vers.

3 Le retour des mêmes sons à la fin des vers : des rimes.

4 Au début ce sont des relations cordiales, sympathiques. Colin propose au garde-chasse d'attraper le chevreuil à sa place. Ces relations deviendront nettement moins amicales quand Colin constatera que, par la faute du garde-chasse, les vaches ont été volées.

5 C'est une morale, un proverbe devenu populaire qui tire une leçon générale d'une histoire particulière.

6 À La Fontaine.

7 **a.** Un vieux chevreuil que j'ai raté / loupé deux fois.

b. Essoufflé.

c. Fatigué.

d. J'en fais mon affaire.

e. Punir.

8 **a.** Le vacher, Colin.

b. Le garde-chasse, le garde.

c. Le père de Colin.

9 **a.** Il veut rendre service et en est puni.

b. Il s'endort et laisse disparaître les vaches dont il avait la garde.

c. Il corrige son fils.

10 **a.** Colin part à la chasse (vers 15).

b. Colin chasse (vers 19).

c. Colin constate la disparition de ses vaches et les recherche (vers 26).

d. La punition de Colin (vers 29-30).

e. La morale de l'histoire (vers 31-32).

11 **b.** Vol de vaches.

c. Le père aimait trop ses vaches.

d. Le garde dormait trop profondément.

12 Parce qu'il a rendu service à un homme qui ne lui a pas rendu service.

13 Colin s'est fait voler les vaches qu'il devait garder.

14 Aimable, généreux, joueur, maladroit, naïf.

15 Il est peu fiable, désinvolte.

16 Une morale.

18 Une accumulation*.

19 a. Il s'ennuyait tout seul. Ses parents, qui travaillaient, partaient le matin et ne rentraient que le soir. Tous ses amis avaient quitté la ville et il se retrouvait seul, ne sachant comment occuper ses journées et passant le plus clair de son temps à rêvasser devant la fenêtre.

b. L'éleveur parlait de son cheptel avec beaucoup d'emphase. Son interlocuteur était muet d'admiration. Comme les deux hommes approchaient du parc où les vaches paissaient depuis un bon mois, ils virent la barrière ouverte. De vaches point ; elles étaient volées. Une bétaillère était venue à l'aube et toutes les vaches étaient parties depuis belle lurette vers de nouveaux horizons...

c. Corentin était persuadé d'avoir perdu son passeport. C'était d'autant plus catastrophique qu'il était à deux jours de son départ pour Melbourne. Il va voir sa mère, il lui conte en tremblant l'affaire. Celle-ci éclate de rire : « Mais ne t'inquiète pas ! C'est moi qui l'ai ton passeport ! »

21 *Exemple :*

Il quitta son père
Épousa une bergère
Et devint roi
Au fond des bois.

22 Jouer de la flûte, tailler des objets dans du bois, rêver, chanter.

23 ... je suis fatigué(e).

Évaluation

1 Qui est restée comme elle était autrefois mais qui est désertée de tous ses habitants.

2 Suivons le prince ! *La Belle au bois dormant*, Charles Perrault.

3 Une pêche.

4 Florian.

5 La barque fantôme, la barque de nuit.

6 Tom et la jeune fille.

7 « Qu'ils reposent en paix ! »

8 *La Belle au bois dormant.*

9 Métier... vaches... gardées.

10 Récit légendaire, page 6.
Récit réaliste, page 18.

Les personnages à découvrir :

1. Colin, le vacher, page 22.
2. Yann et Sylvestre, page 18.
3. Becky Thatcher, page 14.
4. Le pilote, page 6.
5. Tom Sawyer, page 14.

Les intrus à éliminer :

6. Glénans, Ré, Irlande.
7. Un voisin.
8. Saumons, aloses.
9. b.
10. La reine.

6 Description d'un paysage mystérieux

1 Les phrases sont plutôt courtes. Le lecteur a le sentiment immédiat d'assister en direct aux événements que vit le narrateur et il a l'impression d'être lui aussi dans les lieux décrits.

2 Cinq alinéas ; cinq paragraphes.

3 Le texte retrace l'itinéraire du narrateur, son départ (indication temporelle), son voyage, son arrivée, la description des lieux, pour se clore sur une indication temporelle.

4 Quitter sa résidence, voyager, rencontrer un homme.

5 Principalement des passés simples et des imparfaits.

6 Souvenirs.

7 a. Lieu où l'on demeure.

b. Affaissements, trous pleins d'eau ou de boue dans un chemin défoncé.

c. Où l'on peut se rendre facilement.

d. Petit bois.

8 L'action se déroule à une époque ancienne, fin du XIXe siècle ou début du XXe siècle.

9 Vocabulaire de la navigation.

10 Pour insister sur l'aspect inconfortable du voyage (tanguer) et sur son aspect mystérieux (débarquer).

11 Peu accessible – plaine grande, nue – rares boqueteaux qui se tordent au ras du sol – deux pauvres chemins – vieux poteaux – en vue, pas de maison – muraille bleuâtre qui marque l'horizon – forêt, vastes étendues humides – terre grisâtre – la ligne des arbres.

12 Dans la soirée (ligne 5). Que va faire le narrateur maintenant que la nuit tombe dans ces lieux qu'il ne connaît pas et qui sont inhospitaliers ? L'impression d'étrangeté angoissante est renforcée.

13 Il faut souligner vide et désert.

14 La diligence.

15 Haute, maigre, bâchée de noir, elle roule et tangue.

16 Une impression de tristesse. Mais même si cette diligence est triste, le narrateur regrette de la voir partir : il reste seul et il est inquiet, oppressé par les lieux et par la nuit qui tombe.

17 Sombre – triste – funeste – étrange.

18 Nue (lignes 5 et 12). Le décor est vide, désert oppressant.

19 a. C'est un pauvre homme qui n'a pas de famille et qui n'a pas d'amis. Bien qu'il possède une somptueuse villa et un avion privé, il est toujours seul et il s'ennuie terriblement.

b. Clément est un homme pauvre. Il n'a pas d'argent, pas de travail et toute sa fortune consiste en un costume, le seul qu'il ait.

20 *Exemples :*

a. Claude a passé ses vacances dans le désert avec une tribu de nomades.

b. Nous sommes descendus en ville : il n'y avait personne dans les rues, c'était désertique.

c. Le ministre de l'Aménagement du territoire va faire une communication sur la désertification des campagnes.

21 Je partis donc avec Hubert en direction de la forêt. La terre grisâtre était d'une profonde tristesse. De vastes étendues humides s'étendaient de part et d'autre du chemin sur lequel nous roulions à bicyclette. Une muraille bleuâtre bouchait l'horizon. Le vent se mit à souffler. Deux pauvres chemins partaient dans des directions opposées. Un vieux poteau avait dû fournir des indications, dans des temps immémoriaux, mais elles n'étaient plus lisibles. C'était une promenade lugubre, dans un décor sinistre mais je n'étais nullement inquiète.

22 a. C'est le 13 novembre que je quittai Antioche où je vivais alors en compagnie de Gertrude, une oie que j'avais apprivoisée.

b. J'arrivai vers le soir dans une auberge où il y avait une fête.

c. La diligence s'arrêta brusquement devant un homme qui devait être le propriétaire des lieux.

7 Description de magasins

1 Le papetier. À un interlocuteur auquel il dit « vous ». Le lecteur ?

2

Nom du commerçant	Type de commerces
Tolomei	charcuterie
De Santis	œufs – volailles
De Angelis	pâtes
Crociani	spiritueux

a. Ils ont des consonances italiennes.

b. Tous sont des commerces alimentaires, de bouche.

c. Les commerces qui sont désignés dans le texte vendent à manger ou à boire et sont spécialisés dans l'alimentation.

d. Une rue d'une ville d'Italie ?

e. Le commerce de pâtes avec le fourneau-bouilleur fait également penser à l'Italie.

3 Le narrateur tient une papeterie (ligne 2) ; cahier de classe, bouteille d'encre (ligne 12) et papier blanc ou imprimé (ligne 18).

4 a. Magasin où l'on vent du papier, des articles de bureau, des fournitures scolaires.

b. Magasin où l'on vend des livres.

c. Magasin où l'on vend de la viande de porc et des plats cuisinés confectionnés essentiellement à base de viande de porc.

5 a. Les fromages et les jambons sont présentés en tas si importants qu'ils font penser à des montagnes.

b. Poulets et volailles ont été tués et ils sont en si grande quantité qu'on pense à une sorte d'hécatombe.

c. Les bouteilles en verre et celles dont la base est recouverte de paille sont si nombreuses qu'elles forment des pyramides.

6 a. Un terme imagé et exagéré (montagne, carnage, pyramide) suivi de deux termes qui précisent concrètement de quoi est fait l'assemblage.

b. Effet d'abondance, de variété, de luxe, de richesse, de sensualité gourmande.

7 Une allée et venue continuelle de gens (ligne 8). une agitation de port de mer (ligne 9).

8 Le silence, l'ombre, le calme, la poussière sur le comptoir.

9 Chez le papetier règnent le silence, l'ombre, le calme, la poussière sur le comptoir. Chez les autres commerçants, en revanche, règnent l'abondance, le luxe, la lumière, la gaieté, le bruit, le mouvement, la vie.

10 Il veut prouver que son commerce périclite, est à l'abandon. Il le dit à son interlocuteur, le lecteur ?

11 Aigreur, amertume, tristesse, jalousie.

12 Portraits... commerçants.

13 Vêtu d'une blouse noire. – maigre – mal nourri – tout imprégné d'une odeur de poussière et de papier – l'humeur aigre – le front soucieux.

14 Prospères – hauts en couleur – gras – la voix assurée – toujours gais – toujours insouciants.

15 Tandis que le papetier offre une apparence d'une profonde tristesse et un caractère triste, les autres commerçants sont au contraire gais, joyeux, riches et insouciants.

16 a. – « Et moi, fait à l'image de ma boutique... »
– « Ils sont tout le portrait de leurs affaires. »

b. Constantin s'écrie : « Et moi, fait à l'image de mon bureau, vous me voyez désordonné, plein de vie et joyeux dans l'inorganisation la plus totale. » Agnès dit à son tour : « Je suis tout le portrait de mes affaires : propre, rangée, ordonnée, organisée, pleine de couleur et de gaieté. »

8 Description réaliste d'un village

1 Le narrateur. Il voyage. Il arrive dans un village de pêcheurs au bord de la mer. C'est une personne célèbre (« des [ ] pêcheurs qui n'avaient jamais entendu parler ni de moi ni d'Auguste »). Il s'agit en réalité du poète Ovide, exilé par l'empereur Auguste sur les bords du Pont-Euxin, l'actuelle mer Noire.

2 Les compagnons de voyage du narrateur.

3 Temps du passé : passé simple et imparfait. Il s'agit d'un texte de souvenirs.

4 Pauvre / triste.

5 a. Grande étendue naturelle d'eau douce, à l'intérieur des terres.

b. Agglomération rurale.

c. Partie de la terre qui borde un lac ou une mer.

6 a. Des habitations sommaires, pauvres, inconfortables.

b. Le paysage est d'une beauté inénarrable, à couper le souffle.

c. Des feux faisaient entendre une succession de bruits secs.

7 a. Agitée ; b. nerveuse ; c. qui vogue / navigue ; d. qui roule ; e. salée.

8 a. Réseau à larges mailles – sac en fil.

b. Dimension dans le sens vertical, de la base au sommet – altitude – terrain, lieu élevé – grandeur, noblesse, supériorité.

c. Morceau d'étoffe – partie d'un vêtement féminin – enveloppe, masque – morceau de toile sur un navire – voilier.

9 Pêcheurs, mer, eau, rivage, barques, îles, voiles, feux, flammes, filets.

10 Misère, miséreux, misérabiliste, misérabilisme.

11 a. C'est un misérable qui a volé ses parents et abandonné ses enfants avant de s'enfuir à l'étranger.

b. Les enfants des favellas sont tellement misérables qu'ils fouillent dans les ordures pour trouver de quoi se vêtir.

12 Village de pêcheurs, isolé géographiquement et culturellement, pauvre, situé sur une hauteur, le paysage environnant est superbe, à proximité se trouve un lac d'eau douce.

13 Pauvre, triste, beau, isolé, reposant.

14 Effet négatif (« huttes misérables »).

15 Une impression de vie, d'activité humaine. Une bonne accoutumance aux lieux, un regard humain et fraternel posé sur la population.

16 Des pêcheurs. Ils vivent de leur travail et en autarcie. Ils sont à l'écart, isolés. Ils ne connaissent pas Auguste l'empereur des Romains qui gouverne l'empire, dont la terre sur laquelle ils vivent.

17 Il s'agit d'une époque ancienne (type d'habitat, genre de vie), datée. La scène se déroule sous Auguste (– 63 avant J.-C. – 14 après J.-C.), du vivant du poète Ovide. C'est lui qui est censé s'exprimer dans le texte.

18 La description se situe au moment de la naissance du Christ, le paysage est décrit par un exilé.

19 Le poète latin Ovide, auteur notamment des *Métamorphoses*, des *Tristes* et des *Pontiques*.

20 Au premier plan, le lac s'étendait à nos pieds. L'eau était d'un vert émeraude d'une grande pureté. Quelques voiles blanches attestaient de la présence d'heureux vacanciers venus respirer un air vivifiant. Au loin, les montagnes, dont les cimes sont toujours recouvertes de neige, se dressaient fièrement. Tout le paysage respirait la pureté, la sérénité et une ineffable beauté. Nous avons eu du mal à imaginer qu'il nous fallait repartir vers la ville.

21 Arguments pour la mer : l'immensité, le rêve, l'évasion, le changement perpétuel, les sports nautiques, la plage et ses joies.

Arguments pour la montagne : l'air pur, la vie saine, les sports de montagne, les cueillettes, etc.

22 *Exemple :* Le document qui nous avait été remis par l'agence stipulait que la mer se trouvait à une centaine de pas de l'appartement.

C'est donc sans l'ombre d'une hésitation que nous avons loué ce studio pour les vacances.

Nous ne cessions d'en parler. Caroline disait qu'elle prendrait son petit déjeuner en contemplant la mer. Catherine ajoutait qu'elle passerait son temps à lire en laissant son œil errer sur les flots bleus.

Nous avons rêvé aussi longtemps que nous n'avons pas vu les lieux. Certes, la mer n'était qu'à une centaine de pas. Mais il fallait compter en pas de géant. Et surtout, entre la mer et notre fenêtre, il y avait un immense bâtiment. Nous avions vue imprenable sur le salon des voisins et la proximité de la mer était plus une vue de l'esprit qu'une réalité...

23 Les lueurs du couchant teintaient les cimes de la montagne. Au loin, le rivage baignait dans une douce lumière rosée. Un lac d'eau douce est une merveille de calme, de sérénité. Des barques immobiles ajoutaient encore à la nature paisible du décor et nous nous sentions lavés de tous les stress de la ville, comme purifiés par ce délicat paysage.

9 Description documentaire

1 C'est un titre qui peut paraître humoristique mais qui correspond à la réalité. Les poissons sont personnifiés et considérés comme ayant des habitudes humaines.

2 « On coule nos épaves » – « Des hôtels pour poissons » – « Ça ressemble à des jardins ».

Le premier intertitre indique la manière dont sont construits les « hôtels » pour poissons. Le deuxième est dans le cœur du sujet et en donne le thème principal. Le troisième fournit une première description générale des « hôtels ».

3 Michel Cellier, « Écologie, notre environnement », *Télé 7 jours*, du 27 mai au 2 juin 1995.

a. Il s'agit d'un article de presse.

b. Il s'adresse au public d'un hebdomadaire de programmes télévisés.

c. Sa finalité première est d'informer le public.

4 a. Coque d'un navire naufragé.

b. Produit par la technique, par l'activité humaine et non par la nature.

c. Percer un navire au-dessus de la flottaison en créant des voies suffisantes pour le faire couler.

d. Qui pousse, se développe avec une remarquable abondance.

e. Lieu où l'on écoule, exporte, vend un produit.

5 Faune : ensemble des animaux d'un pays, d'une région déterminée.

Flore : ensemble des espèces végétales qui croissent dans une région déterminée.

6 a. Tous les rebuts, tous les objets encombrants dont nous ne voulons plus et dont nous devons nous débarrasser ; ils ne se dégradent pas naturellement.

b. De tels récifs ne peuvent susciter la critique, la colère parce qu'ils ne sont nullement condamnables.

c. Ce sont des abris en harmonie avec la nature et qui sont hospitaliers pour la faune et la flore.

7 a. Se déplacer, pour les liquides – s'échapper au dehors – fuir, glisser, passer – faire sombrer, saborder.

b. Partie la plus basse de quelque chose de creux – substance contenue près du fond – sol où reposent les eaux – hauteur d'eau – élément fondamental, essentiel.

8 a. Coque d'un navire naufragé.

b. Personne désemparée qui ne trouve plus sa place dans la société, loque.

c. Dans ce cimetière de bateaux, le nombre d'épaves est impressionnant.

d. Cet homme qui a perdu sa famille a sombré dans l'alcoolisme. Dans quelques mois, il sera une véritable épave.

9 – Mer, émerger, immerger, submerger, submersible, amerrir.
– Marin, maritime, sous-marin, marine, marinier, maritime, marée.

10 a. Épave, surface des mers et des océans, couler, carcasse de navire, fonds marins, récifs, vie sous-marine, flots bleus, passait par le fond, bateaux, sabordait, poissons, immerger, zones marines, récifs artificiels, les côtes, les profondeurs, les zones habituellement pauvres en poissons, la biomasse, le retour des poissons, le mérou, le corbe, l'eau, les zones d'immersion.

b. Scientifiques, carcasse de navire, voitures, blocs de béton, paquets de pneus, camions, autobus, frigos, qualité de la vie sous-marine, etc.

11 Du nom abrégé de « Frigidaire », nom d'une des premières marques de réfrigérateurs. Formation par abréviation et par dérivation. On est passé d'un nom propre à un nom commun.

12 a. Les mers et les océans.

b. Métonymie (une partie est prise pour le tout).

c. Afin d'éviter des répétitions / pour employer une expression familière.

13 On les immergeait n'importe où, on les déposait n'importe où.

14 Attitude répréhensible et condamnable. Les déchets demeurent intacts et souillent les paysages pour l'éternité.

15 Les municipalités, les écologistes, les citoyens, etc.

16 Ils gèrent les déchets de manière à ne plus polluer la nature.

17 Transmettre aux générations futures un monde propre et non pollué.

18 De plus en plus satisfaisants.

19 Carcasse de navire, voitures, blocs de béton, paquets de pneus.

20 En 1980, à Taiwan.

21 À Golfe-Juan, Beaulieu, Roquebrune.

22 À des jardins luxuriants.

23 L'épave d'un navire reposait dans la baie de Saint-Jean. Transformée en lieu de réunion et de rendez-vous des adolescents de la ville, cette poétique carcasse n'évoquait plus la vie marine, encore moins la vie sous-marine mais plutôt une sorte de construction bizarre digne d'une banlieue fort éloignée de la mer.

10 Description poétique

1 a. Demeure nouvelle, description, évocation de souvenirs.

b. Premières impressions, récit, description.

2 Une cour immense avec préaux (ligne 2). Une décision d'inspecteur ou de préfet (ligne 9).

3 Fonctionnaires qui sont mutés par décision de l'inspecteur (d'académie) ou du préfet. Enseignants.

4 Paille poussiéreuse, voiture de paysan, grand chapeau de paille à rubans, puits / hangar.
Époque : fin du XIXe siècle, début du XXe.

5 Il faut tout souligner à l'exception de déménagement et évasion. Il s'agit en effet d'un emménagement.

6 – Le narrateur, un enfant qui cède aux magies de la nostalgie (lignes 6 à 8).
– La mère du narrateur : Millie, une ménagère méthodique, fragile, sensible, courageuse, organisée, douce.

7 Douceur, tendresse, affection. Elle sort de la maison pour parler à son fils, elle lui essuie le visage.

8 Millie considère son fils à la fois comme un enfant auquel elle manifeste sa sollicitude et comme une personne mature, capable de comprendre les situations et les sentiments qu'elle éprouve (ici, sa détresse).

9 a. Aux confins du village.

b. La périphérie, la banlieue.

c. Le plan schématique.

d. Qui procède avec organisation.

10 Quand il s'est retrouvé tout seul dans cette île où il ne connaissait absolument personne, une véritable détresse l'a envahi.

11 Frapper d'une peine, faire subir une punition – forcer, obliger – interdire, empêcher – blâmer, censurer, critiquer.

12 Fouiller, fouiner, mettre son nez partout.

13 À l'extrémité du bourg – une cour... village – au nord : la route – à trois kilomètres, La Gare – au sud, les champs... faubourgs.

Cette demeure est située à la lisière d'un bourg rural.

14 Une place immense, inoubliable (lignes 6 à 8).

15

la ville	la campagne
les faubourgs La Gare	à l'extrémité du bourg – le village – la route – champs – jardins – prés – petite grille rouillée – haie – cour – puits – hangar

16 L'école est située plutôt à la campagne. Le bourg voisin est petit. C'est une école de campagne.

Évaluation

1 Des hôtels pour poissons, *Télé 7 jours.*

2 Une papeterie ; en Italie.

3 Il est très pauvre.

4 C'est le contraire d'un récif naturel, il est aménagé par l'homme, avec des déchets.

5 Un homme venu l'attendre.

6 À celui de la navigation.

7 Gros village.

8 Abréviation du nom de la marque « Frigidaire » pour désigner des réfrigérateurs.

9 Enseignants.

10 Misérable.

Des titres à retrouver :
1. Description poétique, page 46.
2. Description documentaire, page 42.
3. Description poétique, page 46.
4. Description réaliste d'un village, page 38.
5. Description de magasins, page 34.

Des indices à identifier :
6. Solitude / absence de vie.
7. Notation de couleurs.
8. Lieu / emplacement.

11 Portrait d'un solitaire

1 Le narrateur est le petit-neveu de l'homme dont il fait le portrait.

2 Aucun. « Ce demi-siècle d'absence sans rupture ». La famille ne l'aime pas (ligne 14), néanmoins, le narrateur l'admire (ligne 15).

4 En Camargue (ligne 2).

5 Il éprouve une certaine admiration pour son grand-oncle (ligne 15).

6 Espérer que cette personne va vous donner quelque chose, vous rendre un service, vous être utile d'une manière ou d'une autre. Être intéressé.

7 a. Cornélius vit isolé, reclus, sur des terres qui lui rapportent peu.

b. Il représentait de manière parfaite tout ce qui est sauvage, aux antipodes de la civilisation.

c. Pour sa famille, Cornélius est enveloppé de qualités impressionnantes, mais qui sont peut-être du domaine du rêve plus que de la réalité.

8 a. La manière extérieure dont une personne vit, les manifestations extérieures de sa situation financière.

b. L'habitat, le type de voiture, la manière de s'habiller, la vie sociale, les loisirs, les sorties, les vacances.

c. Grand, impressionnant, faramineux, princier, élyséen.

9 a. Vivre petitement / modestement.

b. Une vie rude / sauvage.

c. La bonne terre / riche / fertile.

10 a. Vivre sur un grand pied / princièrement.

b. Des terres grasses / fertiles / riches.

c. Un pays fertile / béni / hospitalier.

11 a. La terre, l'étang, la retraite.

b. La sauvagerie, l'absence, le mépris.

a. Termes concrets, désignant des lieux.

b. Termes abstraits, désignant des attitudes, un état.

12 De Malicroix, Cornélius, 70 ans au moins, Malicroix, en Camargue, propriétaire terrien / éleveur, célibataire – sauvage – farouche – solitaire – simple – redoutable.

13 L'indifférence. « Il nous ignorait avec une sorte de mépris. »

14 Manque d'intérêt, de sentiment positif.

15 Une admiration à laquelle se mêle une sorte de fascination, de curiosité. La voix du sang ? Le désir de se démarquer par rapport aux autres membres de la famille ? Davantage de finesse dans le jugement porté sur autrui ?

16 Cornélius vu par la famille :
- Il incarne la sauvagerie.
- Il est seul, inquiétant, terrible.
- D'une pauvreté redoutable.
- On ne l'aimait pas.

Cornélius vu par le narrateur :
- Il prend ses distances et ne semble pas participer des jugements négatifs, émanant de « on » : les autres.
- Il éprouve de l'admiration, de la curiosité.

12 Portrait de groupe

1 Portrait de groupe, le pékinois et les jumeaux. Gros plan sur les enfants.

2 Le pékinois, la fillette, le garçon.

3 Sally, qui « voit » les enfants et le chien.

4 Le pékinois désigne un petit chien de compagnie à tête ronde, face camuse, aux oreilles pendantes, au poil long.

5 Un habitant de la ville de Pékin, en Chine.

6 a. Qui a un gros ventre, ventru.

b. Qui a le dos large et puissant, trapu, vigoureux.

c. Qui plaît beaucoup, touche par sa beauté, son charme.

7 a. Prétentieux, content de lui.

b. Un état permanent et habituel de vivacité, d'excitation.

c. De manière délicieuse, élégante.

8 a. Je n'aime pas cet enfant : il est effronté et insolent.

b. Mon petit chat était tellement astucieux que je l'ai appelé Malicieux.

9 Les trois adjectifs désignent des qualités, des points positifs.

10 Il s'agit d'une comparaison.

11 a. Le sujet (les jumeaux) est inversé. Il est placé après le verbe.

b. Le lecteur, comme ceux qui « voient » les enfants, aperçoit le chien puis la laisse, puis finalement les enfants au bout de la laisse.

12 a. Blanche, écarlate, noirs, rose.

b. Couleur de miel, de jade ou de cerise, noisette ou bleu turquoise.

13 a. Sally.

b. Elle voit les enfants dans la rue, dans un magasin, dans un lieu public. Elle ne les connaît pas. Ils habitent probablement son quartier.
Ils l'attirent beaucoup. Elle les trouve ravissants (lignes 5 et 6).

14 Affection, tendresse.

15 a. Traits physiques : ventripotent, fourrure blanche.
Traits de caractère : fort imbu de lui-même, très agité.

b. Agitation chronique.

16 a. Cinq ans.

b. Ravissants.

c. Traits communs : cheveux noirs, bouclés, courts ; yeux foncés ; corps souples et fermes ; élégance et soin vestimentaires.
Traits particuliers : garçon : râblé, teint coloré ; fille : joues roses.

d. La sollicitude d'un être proche (une tendresse attentive et permanente).

17 Pour les fiançailles de ma tante Clarisse, tous mes neveux et toutes mes nièces étaient vêtus de flanelle et d'organdi : ils étaient ravissants.

13 Portrait subjectif

1 Un petit garçon devenu adulte.

2 Sa grand-mère.

3 Trois.

4 Déjeuners d'enfance – Bienfaisante influence – En visite.

5 Le narrateur se souvient des déjeuners que lui préparait sa grand-mère et des conversations qui les animaient.
Le narrateur se souvient de la compréhension et de la bonté que lui manifestait sa grand-mère.
Le narrateur évoque des visites rendues aux amies de sa grand-mère.

6 a. Levée de terre qui forme une plate-forme généralement par de la maçonnerie. On aime à y séjourner l'été.

b. Terrain généralement clos où l'on cultive des végétaux utiles ou non. Plus petit que le parc, il peut exister en ville où c'est un véritable luxe.

c. Étage supérieur d'une maison sous les combles. On y range des objets dont on ne se sert pas tous les jours.

7 a. De manière à montrer la vivacité, la rapidité, voire la brusquerie de ses apparitions.

b. Rentrais / revenais – Descendais.

8 a. Noms abstraits.

b. Celui de la vie mentale, intérieure.

c. Mes rêves, mes imaginations, mes découvertes.

9 a. Un rêveur.

b. Un naïf.

c. Une personne conciliante.

d. Une personne taciturne.

e. Une personne bavarde.

10 a. En compagnie / entouré.

b. La pauvreté / le dénuement.

11 La solitude ; rêveur, rêver ; projeter ; la richesse, s'enrichir ; blessé, blesser ; riche, riche.

12 Le champ lexical de la douleur physique.

13 Penser – Je dois penser à acheter mon billet de train.

14 a. Apparemment compliquée et pénible. Son père l'a-t-il abandonné ainsi que sa mère ?

b. Il est malheureux, sa mère également.

c. Avec un certain courage. Il s'amuse, se dépense. Il a conscience du pathétique de sa situation et de la générosité indulgente de sa grand-mère.

d. Avec respect, maturité.

e. Amour, affection, reconnaissance.

15 a. Par habitude, pour mieux le servir, pour favoriser la communication.

b. Bonté, douceur, compréhension, indulgence, intuition, finesse, noblesse et grandeur d'âme.

14 Portrait en action

1 a. Châlons-sur-Marne est le chef-lieu du département de la Marne. C'est un centre administratif et militaire entouré de camps importants. La ville constitue un important marché agricole, notamment pour les vins de Champagne. Elle est également tournée vers l'horlogerie et les industries alimentaires.

b. Il fut astronome, mathématicien et physicien. Né en 1749, il mourut en 1827. Nommé comte de l'Empire par Napoléon, il se rallia à Louis XVIII. C'est en décrivant les mouvements célestes qu'il parvint à des résultats essentiels en mathématiques. Ses travaux furent nombreux et brillants.

2 a. L'été 1793.

b. – Vingt ans après.
– À Napoléon Bonaparte.

3 La Place fait passer des oraux.
Drouot passe l'examen.
Le public est une nombreuse et florissante jeunesse.

4 a. Connu.

b. Mondial.

5 Spirituellement, spirituel ; l'impatience, impatienter, impatient ; la célébrité, célébrer.

6 Estival, estivant.
Jeune, rajeunir, jeunesse.
Nommer, innommable, nommément.
Nature, naturellement.

7 a. Artisan qui jouait autrefois un rôle important, notamment dans les campagnes. Il a plus que jamais à cœur aujourd'hui d'offrir des spécialités variées et utilise le blé, mais aussi le froment, le seigle, le son, etc.

b. Il aime la terre mais doit parfois se résoudre à l'abandonner pour des raisons économiques et participer ainsi à l'exode rural.

c. L'un des derniers que Napoléon eut dans son ultime exil avait une femme charmante, dit-on. Albine de Montholon fut une amie précieuse pour l'Empereur déchu.

8 Nomination à un grade supérieur – ensemble des candidats admis dans la même école, la même année – développement des ventes par la publicité, les efforts de vente exceptionnels – ensemble des techniques, des services chargés de ce développement.

9 a. Une sorte de paysan, le nouveau venu, petit paysan, le jeune homme, le premier de la promotion, le fils du boulanger, le général Drouot, votre aide de camp.

b. De manière à éviter les répétitions. Parce que le personnage évolue ainsi que les aspects les plus importants de sa personnalité. Parce que sa personnalité est riche et offre des facettes différentes.

10 Un rire universel.
L'impatience.
L'enthousiasme (« l'école se lève tout entière »).

11 a. Une nombreuse et florissante jeunesse.

b. Nombreux.

c. Des études d'artillerie.

12 a. Un professeur, membre du jury ; La Place. Il est célèbre, proche de Napoléon.

b. Il lui pose des questions « normales » compte tenu de l'épreuve, puis pousse l'examen au-delà de ses limites habituelles.

c. Une grande admiration intellectuelle.

15 Portrait d'un personnage

1 C'est un nom peu commun, inhabituel, étrange.

a. Son nom de famille.

b. Répétition de la même syllabe, relativement rare, ce qui crée une impression de mystère, d'étrangeté.

2 Il s'agit de leur première entrevue. Ils avancent l'un vers l'autre. La fin du texte montre qu'ils doivent s'interroger pour s'assurer de leur identité.

3 Cinq.

4 *Exemples :*
- Premiers regards.
- Tenue vestimentaire.
- Le jonc.
- Portrait.
- Premiers mots.

5 Il s'agit d'une narration (portrait) qui se clôt sur un dialogue.

6 a. L'œil considéré quant à sa mobilité, son aspect, son expression.

b. Caractère d'un être qui ne paraît pas susceptible de souffrance.

c. Dégager de soi et répandre au-dehors.

d. Le corps considéré dans sa taille.

7 a. Il a un certain âge, il a dépassé l'âge mûr.

b. Vêtement qui se met sur la chemise et qui est confectionné dans une toile grossière.

c. Terre qui a été entraînée par les eaux et qui s'est déposée sur les rives et le lit du fleuve. Il est originel parce qu'il vient des origines du monde.

8 a. Grand.

b. Placide.

c. Gras.

d. Imprécis / indécis.

9 a. Nervosité, nerveusement, énerver.

b. Vivacité, vive, vivement.

c. Âprement, âpreté.

d. Grosseur, grossir, grossissement, grossesse.

10 Des premiers regards (portrait extérieur d'un homme vu de loin qui se rapproche) aux regards plus précis d'un homme vu / analysé de loin.

11 Petit, maigre, nerveux, d'un certain âge, attentif, vif.

12 Tenue campagnarde, simple, rustique, confortable.

13

Détails du texte	Qualités et défauts de Balandran
un point vif et patient d'attention défiante	vif, attentif, méfiant, prudent
lignes 11 à 13	observateur, impassible, rusé

14 a. Sobre, simple, pudique. Chacun se tient sur sa réserve et observe l'autre.

b. Balandran est l'employé de Monsieur Martial, c'est l'ancien employé de Cornélius de Malicroix.

15 « Ce " Monsieur Martial " inattendu m'étonna, me toucha aussi. Il savait mon nom. Cependant, il l'avait prononcé d'un ton rude, mais avec un accent bizarre qui m'émut. Je pensai à Cornélius. Il devait l'aimer. C'est pourquoi je faillis lui demander depuis combien d'années il servait mon grand-oncle. »

Henri Bosco, *Malicroix* (suite immédiate du texte).

17 Mon cousin Hubert était plus petit que moi. Son regard d'une étonnante mobilité déconcertait ceux et celles qui le rencontraient pour la première fois. L'œil brillant, il était vif et avait de promptes réparties qui parfois frisaient l'insolence et crispaient ma grand-mère.
Nous avons vieilli. Hubert est aujourd'hui beaucoup plus grand que moi, mais il a gardé ses traits physiques de l'enfance. Il est moins insolent avec ma grand-mère qui l'adore...

Évaluation

1 Rien.

2 Son domaine.

3 Un petit chien de compagnie.

4 Grand-mère, page 62.

5 Au XVIIIe siècle ; Laplace ou La Place.

6 Développement des ventes par la publicité, des ventes exceptionnelles, etc.

7 Les signes extérieurs de richesse dans le mode de vie.

8 En Camargue, en Provence.

9 Napoléon.

10 Chez les amies de la vieille dame.

Blancs à compléter :

1 Grand-oncle, n'attendais.

2 Magnifiquement, de Malicroix, pauvre.

3 Ravissants, expérience, enfants, mère.

4 Blessures, voir, cicatrices.

5 L'été, jeunesse, Châlons-sur-Marne, l'École d'artillerie.

Mot unique :

6 Pièces.

7 Actes.

8 Vêtements.

9 Couleurs / objets.

10 Traits de caractère.

16 L'ennui

1 Il s'agit d'un poème composé de 6 strophes composées elles-mêmes de 4 vers.

2 a. Dimanches.

b. Repos, distraction, fête, vie sociale, loisirs, bonheur.

c. Non, au contraire. L'ennui.

3 *La Jeunesse blanche*. Peut-être s'agit-il de souvenirs personnels de l'auteur.

4 a. 6 strophes.

b. Des alexandrins (vers de 12 syllabes).

c. Embrassées (schéma A, B, B, A).

5 Béguines : religieuses de Belgique et des Pays-Bas, soumises à la vie de couvent.
Beffroi : tour d'une église (d'une ville du nord de la France ou de la Belgique).

6 a. Morne : triste, lugubre ; l'assoupissement : le demi-sommeil / l'endormissement ; inconsolable : qui ne peut être consolé, triste ; seule : esseulée, sans compagnie.

b. Tristesse, ennui, manque de vie, de joie, d'animation, mort.

7 Angoisse.

8 a. Ennui : impression de vide, de lassitude causée par le désœuvrement, la mélancolie vague, la lassitude morale d'où tout plaisir, toute joie sont exclus. Ici, l'ennui est largement induit par les lieux et l'ambiance particulière qui y règne.
– Solitude : situation d'une personne qui est seule momentanément ou de façon durable. Ici, la girouette est unique, donc seule.
– Angoisse : malaise physique, psychique, métaphysique.

b. Ennuyeux, ennuyé, ennuyant, ennuyer ; seul, esseulé, solitaire, solitairement ; angoisse, angoissant, angoissé, désangoissé.

9 a. De luxueuses et somptueuses maisons spacieuses situées dans les villes. Elles ont été construites par des nobles, des aristocrates fortunés : les patriciens.

b. Des tapisseries réalisées à Paris, dans la manufacture des Gobelins. Elles représentent en général des scènes à la gloire de la monarchie.

c. Des boîtes à parois ajourées, translucides ou transparentes où l'on abrite une source de lumière. Elles sont donc généralement gaies parce que porteuses de lumière. Dans le texte, elles sont comme le reste du décor, tristes.

10 a. Le poème évoque les villes de province du Nord. Il s'attache principalement à présenter les maisons, les vieux hôtels, les beffrois ainsi que les trottoirs.
Il s'attarde sur quelques points particuliers de ce décor : les girouettes des toits, les carreaux, les fenêtres des maisons. Il décrit également l'intérieur des salons des hôtels : gobelins, cadres d'or.

b. Morne, assoupissement, inconsolable, seule, angoisse, vieux, vides, ternes, tristes.

c. Tristesse, mort, ennui, angoisse.

d. Les passants sont rares et sont essentiellement des religieux (prêtres et béguines) et des femmes du peuple.

e. On peut distinguer la décoration : portraits des ancêtres, mais pas la présence humaine des habitants.

f. Absence de vie / mort.

11 a. L'hiver.

b. Froid et il y a beaucoup de vent.

12 – Prêtres, béguines, femmes du peuple ; ils se rendent à l'office.
– Des femmes regardent par la fenêtre pour tromper leur ennui.

13 a. Éprouver de la lassitude.

14 L'été, quand la chaleur est accablante, tout le monde se repose après le déjeuner. L'assoupissement des villes de province est alors tel que l'on croirait visiter des villes fantômes, des villes mortes.
De très rares passants vont d'un lieu à un autre, accablés par le soleil, la chaleur et la solitude.
Le vide et le silence sont impressionnants. Ils succèdent à l'animation des marchés de la matinée et précèdent l'euphorie de la soirée quand la foule va envahir les terrasses des cafés, en quête de fraîcheur.

17 La colère et l'amertume

1 Un proche témoin de la scène. L'un des frères de Joseph, Laurent.

2 Les passages au style indirect relatent les événements. Les passages au style direct retranscrivent les propos les plus importants qu'échangent les personnages.

3 a. Notoire : adjectif. Qui est connu d'une manière sûre et certaine par un grand nombre de personnes. Évident, manifeste, public.
Notable : adjectif et nom. Qui est digne d'être noté, remarqué, remarquable (adjectif).

Personne qui jouit d'une certaine autorité (nom).

b. Il est notoire qu'Amélie est très éprise de Cyprien.

Un fait notable survient cette année-là : je fis un héritage.

c. Des paronymes.

d. Conjoncture / conjecture ; éminent / imminent ; percepteur / précepteur ; enduire / induire.

4 Quand Martin découvrit que son entrepôt avait été pillé, il entra dans une grande fureur.

C'est avec un certain trouble que j'ai écouté les explications de Noémie : je suis sûre qu'elle me mentait.

5 C'est un regard qui indique clairement que celui qui l'a sera difficile à convaincre. C'est un regard récalcitrant, rebelle.

6 Petit matériel de papeterie utilisé pour écrire, faire les devoirs, etc.

7 a. La promotion sociale de la famille, son entrée dans des couches sociales supérieures.

b. Ceux qui viennent après le père : sa descendance, ses enfants.

c. Laisser paraître une dégradation de son état de santé.

8 Étudiant, estudiantin, étudier, studieux ; décider, décideur, décisionnel ; difficilement, difficultueux, difficulté ; progresser, progression, progressivement.

9 a. Joseph, le fils ; Ram (Raymond), le père ; la mère ; le narrateur : témoin, observateur fin et attentif de la scène qu'il rapporte.

b. Une situation conflictuelle de discussion, de dispute.

10 a. La poursuite des études de Joseph.

b. Il veut les arrêter.

c. Il veut qu'il les continue. Ses arguments sont :
– on trouve toujours des livres quand on en a besoin ;
– l'argument des livres est un faux argument.

d. Troublée, elle tente de modérer les passions.

e. Témoin objectif et attentif de la scène.

11 a. Avec fermeté.

b. Avec trouble.

c. Mécontent ; il réagit « violemment », avec « amertume » ; « en fureur », « grondait », « tirait sur sa moustache ».
Amertume, déçu.

12 a. Il n'est pas fait pour les études et n'est pas motivé, il pense que ce qu'il apprend lui est et lui sera inutile. De surcroît, les études sont onéreuses.

b. Arrêter ses études, n'est-ce pas faire preuve de paresse ? Quand on veut faire des études, on trouve toujours des livres.

c. Son père commence des études difficiles. Des études de médecine.

13 L'automne de cette année-là fut marqué par plusieurs événements notables : j'héritai de la fortune de mon oncle, je quittai mon travail, j'achetai un bateau et m'embarquai pour les îles.

14 On ferait de gros sacrifices pour pouvoir se les procurer.

16 Cette année-là, notre famille connut une crise sans précédent. Mon oncle Corentin qui avait toujours été d'une grande douceur se mit à changer de caractère. Il grondait du matin au soir tous ceux qu'il rencontrait, des enfants aux employés. Il ne cessait de répéter à qui voulait l'entendre que le plus grand effort de sa vie avait consisté à s'établir en ville, à faire de son commerce un modèle du genre et qu'il entendait bien que personne ne détruise son œuvre.

18 La peur

1 Quatre.

2 Peur de se coucher – Peur du lit – La solution ? – Enfin, le sommeil.

3 Comment je décidai de ne pas coucher dans mon lit.

4 « Alors je m'assis avec précaution » ; « Je m'endormis ».
Indication temporelle : durée qui s'inscrit entre le début et la fin du récit.

5 – « Je » est prédominant ; il désigne le narrateur.

– « On », « ils » désignent les hôtes du narrateur, ses amis qu'il soupçonne de vouloir lui jouer un mauvais tour.

6 Son refus d'être piégé, sa révolte, sa violence.

7 Deux heures environ. Dans l'énervement et l'angoisse.

8 a. Qui est soupçonné, qui prête aux soupçons.

b. Acte destiné à se moquer, à faire rire aux dépens de quelqu'un.

c. Partie souple d'un lit sur laquelle s'étend le matelas.

d. Disposition prise pour éviter un mal ou pour l'atténuer.

9 Acte ou propos destiné à abuser de la crédulité de quelqu'un.

10 a. En faisant attention.

b. Passait.

c. Décidai.

d. Être attrapé.

e. Excellente.

f. À l'aveuglette.

11 Dans un château (ligne 17), dans une chambre.

12 Alcôve (ligne 14), rideaux (ligne 6) du lit. L'action se déroule au XIXe siècle.

13 a. Je n'oserai pas prétendre que mon frère deviendra champion du monde, mais je sais qu'il a des chances de l'être.

b. Je résolus de travailler davantage pour obtenir mon diplôme avec mention.

14 Terreur, suspect, danger, suspecte, inquiétante, tressaillant.

15 Il est dans sa chambre, seul, sur le point de se coucher pour la nuit.

16 Il est nerveux, inquiet, oppressé.

17 Que ses amis ne lui fassent une farce.

19 Il transporte son matelas et ses draps au milieu de la pièce.

20 Oui, mais au bout d'un certain temps (une heure).

21 Bien. Il finit par s'endormir.

22 J'attendis mes amis pour dîner. À vingt heures, je commençais à me restaurer. À minuit, ils n'étaient toujours pas arrivés et je n'avais d'eux aucune nouvelle. La pluie tombait à verse, le téléphone était coupé. Je commençais à avoir sommeil. Que pouvais-je faire d'autre que dormir puisqu'ils ne viendraient plus ? Je résolus donc de me coucher.

19 L'humiliation

1 Trois : l'épisode du casque ; celui du nom ; leurs conséquences sur la classe.

2 L'ordre dans lequel les événements se déroulent logiquement dans la réalité.

3 La classe. La scène se déroule dans un univers scolaire omniprésent.

4 « Sous la pluie des pensums, l'ordre se rétablit peu à peu dans la classe. » Le chahut.

5 a. Les deux mots désignent des coiffures. « Casquette » comporte un suffixe par rapport à « casque ». Le second mot est postérieur, il date de 1813.

b. Le casque est une coiffure militaire qui couvre et protège la tête. La casquette est plus souple et elle est munie d'une visière.

c. Parce qu'en réalité, il s'agit bien d'une casquette.

d. Ce mot est inattendu, il crée donc un effet de surprise, de comique. Il est probablement employé à dessein par le professeur qui se moque ainsi légèrement de la coiffure de l'élève. C'est drôle et ridicule d'imaginer un élève avec un casque sur la tête en classe...

6 a. Faire perdre contenance, déconcerter, embarrasser.

b. Grand bruit de gens qui crient, se querellent.

c. Travail supplémentaire imposé à un élève pour une punition.

d. Décision volontaire et arrêtée.

a. Jules est un orateur brillant, mais il se décontenance rapidement quand on lui pose des questions.

b. Mes voisins sont charmants. Dommage que la nuit, ils fassent un tel vacarme que le quartier tout entier ne puisse dormir !

c. – Verrier ! En guise de pensum, vous recopierez les quarante premières pages de votre dictionnaire.

d. J'ai pris la résolution de ne plus manger trois tablettes de chocolat à chaque goûter.

7 a. Il y eut un grand et fort éclat de rire général.

b. Une petite voix qui murmure, parle bas, peu distinctement.

c. Les cris de la classe.

d. Une bouche d'une extraordinaire dimension.

e. De toutes ses forces.

8 La place de l'adjectif qualificatif en français peut apporter des modifications de sens à l'expression qui le contient.

a. Remarquable / grande taille.

b. À plaindre / qui n'a pas d'argent.

9 Rire éclatant, bredouillement, huées, lança à pleins poumons, vacarme, éclats de voix aigus, notes isolées.
Ils sont nombreux et variés, des plus faibles (bredouillement) aux plus forts (vacarme).

10 Une métaphore. Les pensums tombent comme des gouttes de pluie quand il pleut : nombreux et rapides.

11 Dans une classe d'élèves portés vers le chahut à la moindre occasion, arrive un nouvel élève que le professeur engage à se présenter.

12 – Le professeur / le maître.
– Charles / le pauvre garçon / le nouveau (2) / Charbovari.
– Les élèves / un voisin / les écoliers.
L'auteur a voulu éviter les répétitions inutiles. Il a également voulu insister sur telle ou telle facette de la personnalité de ses personnages.

13 a. Elle s'amuse, chahute.

b. Il fait son travail normalement.

c. Il perd sa casquette et ne parvient pas immédiatement à articuler son nom.

a. Moqueur, agité.

b. Légèrement moqueur, sérieux, habituel, normal.

c. Timide, gauche, emprunté, ridicule.

20 L'admiration

1 a. Conrad, Klett, Herr Zimmermann.

b. Ce sont des noms à consonance germanique.

c. L'action se déroule en Allemagne.

2 a. Ce fut comme une apparition.

b. Conrad, éblouissant Conrad.

c. Conrad parmi nous.

3 L'ordre chronologique, celui dans lequel les événements se déroulent.

4 a. L'humiliation, page 90.

b. L'arrivée d'un nouvel élève dans une classe.

5 Tenue vestimentaire des élèves en général :
- morne assemblage ;
- n'importe quel vêtement d'une étoffe solide et durable ;
- accoutrement ;
- vêtements de confection ;
- cravates sales, graisseuses et éraillées.

Tenue vestimentaire de Conrad :
- élégance ;
- pantalon de bonne coupe et au pli impeccable ;
- luxueux costume gris clair en tissu à chevrons, garanti anglais ;
- chemise bleu pâle ;
- cravate bleu foncé à petits pois ;
- image d'aisance et de distinction.

6 a. Apparition surnaturelle d'une personne morte.

b. Mépris exprimé, arrogance.

c. Manière de se tenir, de se comporter.

d. La matière, le tissu.

7 a. Vêtir, vestiaire, vêtement, dévêtir.

b. Différence, différencier, différer, différenciation.

c. Sentimental, sentimentalité, sentimentalement.

d. Intérêt, intéresser, intéressement, désintérêt.

8 a. Très bien.

b. Clair.

c. Déguenillé.

d. Hâlé.

e. Modeste.

f. Énervé.

9 a. Une allure gauche, empruntée.

b. Un air vulgaire, plébéien.

c. Un assemblage brillant.

10 Le narrateur qui est un des élèves de la classe. Il s'associe aux autres élèves par le « nous ».

11 a. Dans une salle de classe.

b. Scène antérieure à 1968. Les élèves ne sont que des garçons, ils portent des costumes et des cravates. En fait, la scène se déroule en 1933.

c. Pendant un cours.

12 a. Parce qu'ils jouent un certain rôle dans l'histoire.
Parce qu'ils contribuent à éclairer la personnalité du nouvel arrivant.
- Les élèves sont habillés de manière médiocre, négligée, mais à la manière des adultes dont ils ont le comportement et les réactions.

b. Les professeurs ; Klett et Zimmermann. Ce sont des figurants dont les actes sont éclipsés par la personnalité du nouvel arrivant.

c. Conrad. Premier contact avec une classe déjà constituée de futurs condisciples.

13 a. Le nouvel élève, comme le héros du romancier Scott Fitzgerald, Gatsby le magnifique, se distingue par une prestance remarquable, une élégance hors pair. Il est en tous points beau et séduisant. Il est également charismatique.

b. Maintien plein d'assurance, air aristocratique, sourire nuancé d'un léger dédain, élégant, éblouissant.

c.

Conrad	Les autres élèves
élégant	mal habillés
distingué	médiocres
mature	puérils

14 Admiration, fascination.

15 C'est l'opposé total quant à la prestance, la beauté, l'effet produit sur les élèves.

16 Mépris, indifférence, sentiment de supériorité, orgueil.

Évaluation

1 Le Nord, la Belgique.

2 La tour d'une église, d'un édifice public.

3 Joseph ne veut pas continuer ses études.

4 Commencer des études (de médecine).

5 Dans un château.

6 Dans une salle de classe.

7 Son élégance, sa prestance.

8 L'admiration.

9 Il installe son matelas au milieu de sa chambre.

10 Le Nord, l'ennui, la mort.

Les personnages à découvrir :

1. Conrad, page 94.
2. Charles, page 90.
3. Joseph, page 82.
4. Le narrateur, page 86.
5. Le père, page 82.

Blancs à compléter :

1. Dimanches, villes, province, girouette, toits, fer.
2. Études, décision, fureur, grand.
3. Livres, livres, terre.
4. Précaution, fauteuil, coucher.
5. Casquette, rire, baissa, tomber.

Lexique

Alinéa : renfoncement de la première ligne dans un paragraphe.

Abstrait : ce qui est abstrait n'existe que sous forme d'idée, de concept, de notion. *Exemple* : la richesse, l'amitié, la douceur, la souffrance. Voir **concret**.

Accumulation : forme d'énumération. Succession de mots qui concourent à produire une impression unique.

Antonyme : contraire.
Exemple : violent et doux ; lourdement et légèrement.

Aphorisme : formule courte qui résume une théorie ou un ensemble d'observations et contient un conseil, un précepte. Voir **maxime**, **sentence**, **pensée**, **proverbe**.

Auteur : écrivain, romancier, poète, dramaturge qui écrit une œuvre. Voir **narrateur**.

Champ lexical : ensemble des mots qui se rapportent à une même idée, un même domaine.
Exemple : navire, plage, coquillage, tempête, régates appartiennent au champ lexical de la mer.

Champ sémantique : ensemble des différents sens d'un même mot.
Exemple : un séminaire est un établissement religieux dans lequel étudient des élèves, c'est également une réunion, un colloque, un symposium.

Concret : est concret ce qui est matériel, sensible, palpable, réel.
Exemple : une table, un bonbon. Voir **abstrait**.

Contexte : ensemble du texte qui entoure un mot, une phrase, un paragraphe d'un texte et qui permet de comprendre plus profondément, plus clairement, le sens de ce mot, de cette phrase, de ce paragraphe.

Dialogue : ensemble de paroles qu'échangent des personnes au style direct.
Exemple :
– Tu viens ?
– Non, je reste ici.
– Pourquoi ?
– Parce que je n'ai pas envie de sortir.

Épisode : action secondaire qui est liée à une action principale.
Exemple : vous racontez un pique-nique. Voici deux exemples d'épisodes de votre récit :
– la recherche d'un endroit agréable ;
– l'installation de ce que vous allez manger.
Voir **péripétie**.

Famille de mots : ensemble de mots qui sont composés à partir d'un même radical.
Exemple : adoucir, douceur, doucement appartiennent à la famille de doux.

Figure de style : procédé d'expression que le locuteur utilise pour agir sur son interlocuteur. Ces figures de styles jouent aussi bien sur le sens que sur la forme des mots, et on les rencontre dans tous les types de textes.

Homonyme : les homonymes sont des mots de prononciation identique et de sens différents, d'orthographe semblable ou différente. Les homographes s'écrivent de la même manière ; les homophones se prononcent de la même manière.

Exemple d'homonymes homophones : le ver de terre a un chapeau vert et boit un verre en composant des vers.

Exemple d'homophones homographes : son fils écoute le son de la guitare.

Morale : conclusion d'un texte en forme de leçon de morale et qui tire une leçon, donne un conseil sous forme de vérité générale.

« Ne nous associons qu'avec nos égaux
Ou bien il faudra craindre
Le destin d'un de ces pots. »

Jean de La Fontaine, *Fables*, 1668-1694.

Narrateur : personne qui raconte l'histoire et la voit de son propre point de vue.

Niveau de langue : langage employé en fonction du milieu auquel appartient celui qui parle et en fonction de la situation de communication.
On distingue trois niveaux :
– le niveau courant : *File !*
– le niveau familier : *Casse-toi !*
– le niveau soutenu : *Je te prie de sortir*.

Péripétie : changement subit de situation dans une action dramatique, un récit. Événement qui apparaît dans l'histoire. Voir **épisode**.

Radical : partie commune qui donne son sens à toute la famille de mots ; celle qui ne change pas quand on conjugue un verbe.
Exemple : *grand* est le radical des mots *grandeur* et *grandir*.

Rime : retour de syllabes identiques à la fin des vers.
– rimes plates ou suivies : a, a ; b, b, etc.
– rimes croisées : a, b ; a, b, etc.
– rimes embrassées : a, b ; b, a, etc.
– rimes riches : elles comprennent au moins une voyelle et sa consonne d'appui. *Exemple* : image / hommage.
– rimes pauvres : elles sont fondées sur un seul nom. *Exemple* : ami / pari.

Scénario : plan détaillé de l'intrigue d'une histoire.

Strophe : regroupement de plusieurs vers dont la composition permet souvent de reconnaître la forme du poème. (2 vers : le distique, 3 vers : le tercet, 4 vers : le quatrain, 5 vers : le quintil, 6 vers : le sizain, 8 vers : le huitain)

Synonyme : des synonymes sont des mots de sens voisins. *Exemple* : beau, joli, séduisant.

Trait lexical : les principaux traits lexicaux du nom sont :

– animé / inanimé : Frédéric, un caillou ;
– concret / abstrait : un stylo, la souffrance ;
– comptable / non comptable : l'huile, l'horreur ;
– commun / propre : un vélo, Marcel ;
– collectif / non collectif : un ensemble / une fleur.

Vraisemblable : qui semble vrai, qui peut-être vrai, possible.

Vers : terme de la poésie pour désigner une suite de mots écrits sur une même ligne et présentant une unité de rythme.

Achevé d'imprimer en Roumanie par G. CANALE & C S.A.
Dépôt légal : Juin 2011 - Collection n°39 - Edition 05
16/9210/2